기든스의 『제3의 길』 읽기

세창명저산책_095

기든스의 『제3의 길』 읽기

초판 1쇄 인쇄 2022년 6월 20일
초판 1쇄 발행 2022년 6월 25일

–

지은이 정태석
펴낸이 이방원
기획위원 원당희
편 집 박은창·김명희·안효희·정조연·정우경·송원빈
디자인 손경화·박혜옥·양혜진   **마케팅** 최성수·김 준·조성규

–

펴낸곳 세창미디어

신고번호 제2013-000003호 **주소** 03736 서울시 서대문구 경기대로 58 경기빌딩 602호
전화 723-8660 **팩스** 720-4579 **이메일** edit@sechangpub.co.kr **홈페이지** http://www.sechangpub.co.kr
블로그 blog.naver.com/scpc1992 **페이스북** fb.me/Sechangofficial **인스타그램** @sechang_official

–

ISBN 978-89-5586-728-2 02300

ⓒ 정태석, 2022

이미지 출처: https://commons.wikimedia.org (Author: Szusi)

세창명저산책_095

Anthony
GIDDENS

정태석 지음

기든스의 『제3의 길』 읽기

시대 전환에 발맞춘 정치 전환

세창미디어
MEDIA

　지금 같은 때에 이 책을 내놓게 되었다는 사실은 어떻게 보면 나로서는 하나의 작은 행운이다. 『제3의 길』에 대한 해설이라는 형식을 빌려서 한국사회에 필요한 발언을, 꼭 필요한 시기에 할 수 있게 되었다는 생각이 들기 때문이다.

　내가 이 책을 쓰고 출간하게 된 것은, 사실 내가 알지 못하는 누군가가 나를 기든스의 『제3의 길』에 대한 해설서 필자로 출판사에 추천해 주었기 때문이다. 『제3의 길』 번역서가 나온 이듬해인 1999년에 나는 '제3의 길'을 한국정치와 연관시키는 논의에 대한 비판적 논문을 쓴 적이 있었는데, 이것이 내가 연속간행물 '세창명저산책' 중 한 권으로 기획된 이 책의 저자로 선정된 이유였을 것이다. 어쨌든 이것이 나로서도 이 주제로 책을 한번 써 봐야겠다는 마음을 먹게 된 계기가 되었다.

2015년 2월에 책 출간 계약서를 쓰면서 2017년 말까지 원고를 마감하기로 출판사에 약속했다. 하지만 이 약속 기한은 결국 지키지 못했다. 그래서 2019년 7월부터 1년간 독일에서 연구년을 보내게 되면서 집필을 마무리하겠다고 스스로 다짐했었지만 이마저도 이런저런 사정으로 차일피일 미루다가 2022년이 된 지금에서야 겨우 집필을 마쳤다.

이 과정에서 2019년 하반기부터 전북대 사회과학연구소에서 시작된 한국연구재단 인문사회연구소 지원사업 '파편사회의 정체성 경합과 시티즌십의 재구성' 연구팀(소장 겸 책임연구원 설동훈) 과제에 공동연구원으로 참여하게 되었고, 이 연구주제와 책 내용 간의 연관성이 높아 연구소로부터 집필에 물심양면의 지원을 받을 수 있었다. 이것은 집필에 더욱 박차를 가할 수 있는 중요한 계기가 되었다. 도움을 준 연구소, 함께 얘기를 나누며 격려해 준 동료 연구자들께 감사드린다. 그리고 지금 미국에서 연구년을 보내고 계신 채준호 선생님께 특별히 감사드린다. UK에서 오랫동안 공부하며 살았던 경험을 바탕으로 이 책에 서술된 시대 상황에 관해 읽고 논평을 해 주셨다. 다른 나라에 관한 얘기를 쓰는 일은 늘 조심스럽다.

끝으로, 원고 마감 시한을 4년여나 넘겨서 출간하게 되었음에도 묵묵히 기다려 주시고 출간을 지원해 주신 세창미디어 대표 이방원 님, 실무를 맡아 애써 주신 박은창 님을 비롯한 실무진들께도 감사드린다. 애초의 약속 기한보다 많이 늦어져 미안한 마음이지만, 정치적·사회적 상황으로 보면 이 책의 내용이 시기상으로 더 적합해진 것 같아 그나마 작은 위안이라도 될 것 같다. 한국사회의 진보적 발전을 위한 생산적 논쟁이 확산되기를 기대한다.

2022년 6월

정태석

제1장
한국사회의 정치와 제3의 길

　민주주의 사회에서 정당들은 모두 집권을 목표로 삼고, 더 많은 시민 대중의 지지를 얻으려고 경쟁한다. 다양한 불평등과 차별이 존재하는 사회에서 정당들은 서로 다른 이익과 가치를 지향하며 경쟁하게 되는데, 이것들은 기본적으로 시민 대중이 지향하는 다양한 이익과 가치를 반영하지 않을 수 없다. 전통적으로 이러한 이익과 가치의 차이는 우파와 좌파, 또는 보수와 진보라는 개념을 통해 표현되어 왔다.

　자본주의의 발달 속에서 형성된 부르주아지와 프롤레타리아트 간의 계급 적대는 민주주의의 발달과 함께 우파와 좌파의 정치적 대결로 표출되었는데, 이것은 자유주의자와 평등주의자(또는 사회주의자) 간의 이념적 대결의 성격을 띠게 되었다. 유럽에서는 제2차 세계대전 이후 계급 정치가 민주주의 사회의 제도 정치의 중심축이 되면서, 중도좌파정당은 사회민주주의적 복지국가를 지향하고 중도우파정당은 최소한의 복지와 시장 자유주의를 지향하면서 서로 집권 경쟁을 이어갔다. 이 시기에 민주주의를 통한 사회주의로의 길, 즉 '사회민주주의'는 좌파들의 '제3의 길'이었는데, 이것은 케인스주의적 시장개입 경제원리에 의존하여 기간산업 국유화, 완전고용, 보편적 복지 등의 정책들을 추구하면서 궁극적으로는 사회주의로의 점진적 이행을 지향하고 있었다.

그런데 중도좌파와 중도우파 간의 정권교체가 반복되면서 중도좌파는 사회주의로의 이행 전략이 비현실적이라는 점을 인정하게 되었다. 그리하여 자본주의 시장경제의 질서 내에서 보편적 복지를 강화하면서 분배 불평등을 개선하는 현실적 정책을 추구하게 되었다. 자본주의의 발전 속에서 대다수 시민들이 물질적 풍요를 누리게 되고 또 계급 분화와 함께 정치적 요구들이 다원화되어 가면서, 정치적 지지구조도 변화되어 갔다.

1970년대 후반으로 와서 세계 경제위기에 따른 국가 재정위기 등으로 복지국가에 대한 비판이 확산되면서 신자유주의 사상이 득세하기 시작했고, 이에 따라 유럽 전역에서 한동안 중도우파정당이 집권하는 사례들이 늘어나게 되었는데, 이러한 상황에서 중도좌파는 전통적인 사회민주주의 정책들을 유지해서는 시민 대중의 지지를 확장하기가 점점 어렵게 되었다.

특히 1980년대 말 소련의 페레스트로이카 정책 이후 소련을 비롯한 동구 사회주의권의 해체는 자본주의 시장경제의 승리 분위기를 북돋웠고, 세계화에 따른 자본주의 세계시장의 통합은 선진국 자본의 지배력을 확대시켰다. 우파 신자유주의자들이 주도권을 잡게 된 분위기 속에서 생산기술의 발전으로 제조업 분야에서 일자리가 줄어들기 시작했고, 나라 간 교류와 이동이 확대되면서 저발전국에서 선진국으로의 이주가 늘어나게 되었다. 이로 인해 나라마다 실업 문제에 따른 외국인 노동자에 대한 반감이 심해져 이해 집단들 사이의 갈등도 격화되었다.

이에따라 1968년 혁명 이후 확산된 성갈등, 환경갈등 등과 함께 계급갈등, 종족(외국인) 갈등, 세계화 등 다양한 쟁점들이 복잡하게 얽히면서 정당들의 정치적 계산이 더욱 복잡해졌다. 시민들의 정치적 지지구조가 분화되고 또 복잡해지면서, 좌파와 우파의 기준도 흔들리기 시작했다. 그리하여 권력을 되찾아야 했던 중도좌파정당들은 집권을 위한 정치 노선의 혁신이 불가피해졌는데, 이러한 시대 상황에서 앤서니 기든스Anthony Giddens 의 『제3의 길The Third Way: The Renewal of Social Democracy』(1998)은 '사회민주주의 혁신' 방안으로, 특히 UK[1] 노동당의 집권을 위한 혁신 전략으로 제시되었다.

노베르토 보비오Noberto Bobbio 책의 영역본인 *Left & Right: The Significance of a Political Distinction*(1996)의 역자 서문에서 캐머런Allan Cameron은, 1996년 이탈리아에서 등장한 좌파 연합이 공공지출 삭감, 사유화, 노동력 유연화와 같은 강령을 가지고 있었음을 언급하고 있다. 그렇다면 이것은 좌파와 우파의 구분이

---

[1] 사람들이 일상적으로 '영국'이라고 부르는 나라는 'United Kingdom of Great Britain and Northern Ireland'를 뜻하는 말로, 이는 England, Scotland, Wales, Northern Ireland 네 나라를 포괄하는 명칭이다. 이처럼 연합왕국임에도 중심국인 England의 이름을 따서 영연방, 그리고 영국이라고 불러 왔다. 그러나 이것은 England 중심의 명칭이기 때문에 부적절한 번역이라고 판단하여, 이 책에서는 공식적인 명칭인 UK로 표기하기로 하였음을 알린다.

사라져 가고 있음을 의미하는 것일까? 일반적으로 집권 경쟁을 하는 정당들은 중도층의 지지를 확보하기 위해 스스로를 좌·우 통합적인 정당으로 보이고 싶어 하며, 이에 따라 '사회통합'의 기치를 내세우는 경향을 보인다. 집권정당에 대한 지지가 강할수록 집권에 도전하는 정당에서 이런 경향은 커지기 마련이다. 하지만 "일단 문제의 정당들이 수사修辭의 영역에서 현실 정치의 영역으로 발길을 옮기자마자 좌파와 우파라는 구분을 극복했노라는 이 모든 주장들이 실패했다는 사실은, 좌파와 우파라는 구분이 왜 그토록 오랫동안 지속되어 왔는가라는 질문에 답해야 함을 보여 준다"(캐머런, 1998:12-13).

보비오는 이 질문에 대답하며, '좌파'와 '우파'라는 용어가 절대적 개념이 아닌 상대적인 개념이라는 점에서 논의를 열어 간다. "이 두 개념은 두 가지 고정된 이념 체계를 대변하는 것이 아니라 세대마다 크게 변동하는 하나의 축인 것이다." 그래서 사회·역사적 상황이 크게 변화해 왔음에도 불구하고 "이러한 구분은 여전히 생명력 있는 것으로 입증되었는데, 왜냐하면 정치란 속성상 대립적이며 민주주의의 발전에 따라 정당들의 형성이 촉진되고, 양당제가 성장하거나 아니면 적어도 두 개의 주요한 정치 블록을 중심으로 정치가 양극화되기 때문이다.(캐머런, 1998:13-14)"

이러한 시각은 오늘날 한국사회의 정치에도 어느 정도 들어맞는다. '우파와 좌파'라는 구분을 '보수와 진보'라는 구분으로 바꾸기만 한다면 말이다. 1987년 민주화 이후, 한국사회에서는 보수와 중도개혁정당들이 집권을 위한 경쟁을 해 왔다. 반공주의와 지역주의 정서가 지배하는 현실에서 진보 정치세력은 뒤늦게 합법적인 정당을 설립할 수 있었다. 반공주의와 권위주의 통치 아래에서 노동운동과 사회주의 운동이 탄압을 받으면서 진보 정치세력은 대중적 지지를 얻기 어려웠다. 그래서 민주화 이후에도 집권 경쟁은 보수정당과 중도개혁정당 양대세력을 중심으로 이루어졌다. 물론 1997년에 민주노총에 기반한 진보정당 설립이 이루어져 '국민승리 21'이 대통령 선거에 참여하고, 이후 민주노동당으로 전환하여 2004년 총선에 나서 10개의 의석을 차지함으로써, 가장 규모가 큰 진보정당이 성장할 수 있는 기반이 마련되기도 했다. 하지만 이후 당내 자주파와 평등파 간의 갈등으로 분열과 통합을 거듭하면서 점차 당세가 약화되었다.

보수정당과 중도개혁정당에서도 정치 지형의 변화와 정치인들의 개인적 이해관계에 따라 잦은 분열과 통합이 이루어졌지만, 기본적으로는 양대정당 중심의 정권교체가 이루어졌다. 이것은 캐머런이 말했듯이 정치가 두 개의 정치 블록을 중심으로 대립하면서 양극화되는 경향을 보여 준 것이다. 특히 대통령 중심제로 인해 대통령 선거에서 대결 구도가 양대정당 중심으로 형성되고, 또 승자 독식이라는 속성으로 인해 대결이 치열해지면서 제3당에 대한 지지가 형성되기 어려웠다. 게다가 국회의원 선거제도도 비례대표 의석 비율이 낮아 소수정당들이 의석을 늘려 당세를 확장해 가기가 어려운 것이 현실이다.

　　한국의 정치 지형에서 진보정당의 존재감이 약화되면서, '민주당'이라는 당명으로 지속되어 온 중도개혁정당은 '보수와 진보'의 구별 속에서 진보로 불리기 시작했는데, 이에는 민주당에 대해 색깔론으로 공격하려는 보수정당과 보수 기득권 세력의 전략적 의도도 한몫했다. 진보정당의 입장에서는 이것이 부당한 명명이었지만, 보수로 기울어진 한국사회의 정치 지형이 민주당을 진보정당으로 여기도록 한 것이다. 이것은 어찌 보면 미국의 민주당이 진보로 불리는 것과 유사하다고 할 수 있다.

이처럼 유럽 선진국들의 정치 지형에서 '우파와 좌파'가 지니는 의미와 한국의 정치 지형에서 '보수와 진보'가 지니는 의미는, 내용상으로는 서로 큰 차이를 보이지만 형식상으로는 유사하다고 할 수 있다. 그래서 한상진은 기든스의 '제3의 길'을 1998년 집권한 김대중 정권의 정치 노선과 전략을 정당화하는 용어로 사용하기도 했다. 기든스는 윌 허튼Will Hutton과의 대담에서 "제3의 길은 대부분의 나라에서 논의되고 있고, 모든 성격의 정치인들이 —일부는 기원이 미심쩍은데— 자신은 '제3의 길 정치인'이라고 주장합니다"라고 언급하였다(기든스, 2000:109). 한국도 예외는 아니었던 셈이다.

보수정당과 중도개혁정당이 서로 경합하는 정치 지형에서 중도층의 지지는 선거에서 승리하기 위한 중요한 요소이다. 그래서 보수정당은 자신을 좀 더 개혁적으로 보이려고 노력하게 되고, 중도개혁정당은 자신을 좀 더 온건하게 보이려고 노력하게 된다. 이것은 민주주의 사회에서 선거 정치가 지니는 기본적인 딜레마이다. 이런 점에서 정당들은 중도층의 지지를 끌어내어 더 많은 지지를 얻을 수 있는 가운데 길을 찾기 마련인데, 제3의 길은 바로 이런 길을 찾으려는 일반적인 정치 전략이라는 의미로 사용되고 있는 것이다.

하지만 평등이라는 좌파 또는 사회주의의 근본 이념을 고려한다면, 사회민주주의는 물론이고 '제3의 길'과도 정치 노선과 정책에서 큰 차이를 보이는 김대중 정권의 중도개혁적 정치 노선을 기든스의 제3의 길로 정당화하기에는 무리가 있다. '민주주의와 시장경제의 병행 발전'이라는 김대중 정권의 기치는 탈권위주의와 민주주의의 안정화를 달성해야 하는 시대적 조건과 정치 지형의 한계를 안고 있었다(정태석, 1999). 다만 우파와 좌파가 상대적이듯이 보수와 진보도 상대적이라는 점을 염두에 둔다면, 한국의 중도개혁정당도 주어진 정치적 지지구조 속에서 집권을 위해서는 기존의 정치 노선과 정책을 혁신해야 한다는 자세를 배우고자 했다는 점에서 그 의미를 찾을 수는 있을 것이다. 그렇지만 좌파정당 또는 진보정당이 추구하는 가치와 정책 내용의 차원에서 생각한다면, 제3의 길로부터 배워야 하는 정당은 '민주당'과 같은 중도개혁정당이 아니라 오히려 '정의당'과 같은 진보정당이라고 할 것이다.

그런데 정의당을 비롯한 2022년의 한국 진보정당들이 기든스가 20여 년 전에 UK 노동당에 제안했던 제3의 길을 정치혁신 모델로 수용할 수 있을지는 미지수이다. 과거에는 노동계급 중심성을 내세우며 사회민주주의 복지국가마저 '개량주의 reformism(한국의 혁명주의자들이 개혁주의에 부정적 이미지를 덧씌우기 위해 선택한 번역어이다.)'로 비난해 왔고, 지금도 정치 노선의 현대적 혁신에 미온적인 태도를 보이는 급진좌파 세력이 당내에서 적지 않은 영향력을 행사하고 있기 때문이다. 신자유주의 정책이 여전히 주도권을 가지면서도 유럽의 중도좌파정당들이 사회민주주의 정치를 통해 성취한 보편적 복지국가의 수준에 한참 못 미치는 한국사회에서, 진보정당이나 진보정치세력들이 제3의 길을 쉽게 비판하거나 폄하하고 있는 것은 정치적으로 비현실적이고 관념적인 태도라고 하지 않을 수 없다. 물론 이론적으로는 이런저런 한계를 따질 수 있겠지만, 진보정당인 정의당의 시민 대중 지지율이 5% 내외에 머무는 현실에서 이런 급진적 이상을 실현하기는 불가능하기 때문이다. 진보정당이 시민 대중의 지지율을 높이려면 오히려 제3의 길을 적극적으로 모색해야 하는데, 여기서 기든스의 『제3의 길』은 혁신을 위한 좋은 표본이 될 수 있다.

기든스의 『제3의 길』은 지금으로부터 20여 년 전에 제안된 중도좌파정당 또는 진보정당의 정치적 혁신 전략이다. 하지만 그 시절에 기든스가 고민했던 시대 상황의 변화는 지금도 지속되고 있다. 그리고, 오늘날의 한국사회 역시 자본주의와 민주주의가 발달하고 세계화의 영향력이 커져가는 가운데, 유럽 선진국들과 기본적인 시대 상황의 변화를 공유하고 있다. 그래서 우파와 좌파 또는 보수와 진보의 기준이나 경계선이 복잡해지고 또 모호해지는 다원화된 한국사회에서, 『제3의 길』은 진보정당이 대중적 지지를 어떻게 넓혀 갈 수 있을 것인지에 관한 중요한 착상들을 제공해 준다고 하겠다. 물론 그동안 시대 상황의 변화나 한국사회의 특수한 정치·사회 지형으로 인해 좀더 고려하고 따져야 할 점들이 있기는 하지만, 사회변동과 정치적 지지구조 변화에 대응하여 정치 노선과 정책을 혁신하고자 하는 정신은 여전히 배워야 할 점이라고 할 수 있을 것이다.

제2장
영국UK 노동당의 위기와 제3의 길의 의의

 1945년 제2차 세계대전이 끝난 이후 유럽에서는 전쟁 중에 독일 나치 세력의 탄압에 적극적으로 저항했던 각국의 좌파 세력들에 대한 대중적 지지가 확산되었다. 이에 따라 중도우파정당과 중도좌파정당 간의 정치적 대결 양상이 펼쳐졌다. 독일에서는 전범인 나치 세력이 패전으로 몰락하고 서독과 동독으로 양분되면서, 서독에서는 중도우파 기독교민주연합과 중도좌파 사회민주당이 정치적 주도권 경쟁을 벌이며 번갈아 집권하는 양상을 보였다. 한편, 전후 미국은 사회주의 나라 소련의 영향력이 서유럽 자본주의 나라들로 확산되는 것을 막기 위해 마샬 플랜을 통해 이들의 전후 복구를 적극적으로 지원하기 시작했다. 중도우파정당들이 자본주의 시장경제에 기반한 경제성장을 추구하면서 마샬플랜을 적극적으로 수용하였다면, 사회민주주의를 지향한 중도좌파정당들과 사회주의 세력들은 마샬플랜이 미국에 대한 경제적 종속을 가져올 것이라며 반대하였다.

전후 서유럽에서는 좌파와 우파 간의 정치적 집권 경쟁 속에서 대중적 지지를 얻기 위한 정책 대결이 펼쳐졌는데, 이를 위해 어느 정당이든 복지정책의 점진적 확대는 어느 정도 불가피한 선택이었다. 그런데 중도좌파정당이 집권한 경우, 케인즈주의적 개입 경제와 보편적 복지정책을 확대하게 되면서 복지국가의 정당성이나 효율성을 둘러싼 정치적 논쟁이 가열되었다. 더구나 1970년대 세계 경제위기로 인해 성장이 둔화하자 국가의 과도한 과세와 복지재정 지출이 시장의 역동성을 억눌러 경제위기를 불러왔다는 신자유주의자들의 목소리가 높아지게 되었고, 이런 분위기 속에서 UK에서는 1979년에 자유시장 논리를 내세워 복지국가의 도덕적 해이를 비판해 온 보수당 마가렛 대처Margaret Thatcher 총리가 집권하게 되었다. 대처 총리는 집권 후 노동운동을 억압하면서 친시장, 반노동 정책들을 시행하였고 복지정책을 후퇴시켰다. 이후 보수당의 집권이 1997년까지

이어지면서, 전후에 '요람에서 무덤까지'를 내세우며 구축해 놓은 노동당의 복지정책들이 지속적으로 후퇴하게 되었고, 이에 따라 UK는 선진적 복지국가에서 급격하게 신자유주의 국가로 전환되었다.

반면에 프랑스에서는 1981년에 사회당이 집권하게 되었지만, 1986년에는 사회당 미테랑 대통령과 공화국연합 시라크 총리라는 좌우동거 체제가 형성되기도 하였다. 그리고 1993년부터 1997년까지는 중도우파 총리가 다시 집권하였다. 한편, 독일에서는 1969년 말부터 1982년 말까지 사회민주당이 집권했지만, 1982년 말부터 1998년 말까지 중도우파 기독교민주연합의 콜이 총리로 집권했다.

이처럼 서유럽의 1980-1990년대는 세계경제위기의 여파로 국가의 시장개입과 보편적 복지와 같은 사회민주주의 정책을 내세운 중도좌파정당들에 대한 비판의 목소리가 높아지는 가운데, 전반적으로 중도좌파정당들이 약화되면서 시장 자유와 복지 축소와 같은 신자유주의 정책을 내세운 중도우파정당들이 득세하고 집권하는 국면이 전개되었다. 사회보험이나 각종 수당을 통해 보편적 복지를 강화함으로써 대중적 지지를 확대하고자 했던 좌파정권들은, 과도한 복지재정 지출로 시장의 활력을 떨어뜨려 경기침체를 가져왔다는, 혹은 시민들이 국가복지에 의존하도록 함으로써 도덕적 해이를 불러왔다는 비판에 직면하게 되었다.

물론 스웨덴, 노르웨이, 핀란드, 덴마크 등 북유럽의 나라들에서 집권한 좌파정당들은 노동조합과 협력하면서 보편적 복지제도를 강화하여 안정적인 대중적 지지를 확보할 수 있었고, 이에 따라 우파정당의 신자유주의적 비판을 어느 정도 비켜나갈 수 있었다. 하지만 좌파정당들이 노동자계급과 중간계급을 포괄하는 안정적인 지지기반을 형성하는 데 실패한 서유럽 나라들에서는 복지국가에 대한 비판의 확산 속에서 우파정권의 집권 기간이 늘어나게 되었고, 이로 인한 좌파정당의 위기감이 고조되었다. 그런데 이러한 변화는 단순히 복지국가 정책의 문제점들로 인한 것만이 아니라, 노동자계급의 물질적 생활의 개선, 1968년 혁명 이후 새로운 세대의 출현과 문화적 다원화, 산업구조와 계급 구조의 분화와 변동으로 인한 전통적 계급 정치의 한계 노출, 반핵·환경·반전·평화·성·인종·종족·지역·소수자 등 다원화된 적대와 새로운 사회운동들의 분출, 자본주의 세계시장 통합에 따른 세계화 경향의 확산 등 새롭고 다양한 사회적 상황들이 형성된 데 따른 것이었다.

1985년에 에르네스토 라클라우Ernesto Laclau와 샹탈 무페Chantal Mouffe가 『헤게모니와 사회주의 전략Hegemony and Socialist Strategy: Towards a Radical Democratic Politics』을 통해 정통 마르크스주의에 반기를 들면서 포스트 마르크스주의를 주장하게 된 것도, 바로 이런 사회적, 정치적 변화로 인한 것이었다. 이들은 계급 중심성, 노동 중심성을 중요시하는 정통 사회주의 노선을 비판하며 '다원적, 등가적 민주주의'에 기초하여 사회주의 이념과 좌파 정치를 재구성하자고 주장하였다. 좌파와 우파의 의미가 분화되고 있는 현실에서 사회주의의 의미를 다원적으로 재구성함으로써 좌파의 헤게모니 지형을 넓혀 나갈 것을 주장한 것이다.

라클라우와 무페가 다원적 평등에 기초한 정치적 헤게모니 전략으로서 새로운 사회주의 전략을 제안하였다면, 기든스는 전통적 사회민주주의 정책의 한계를 넘어서기 위한 실용적 혁신 전략에 주목했다. 기든스는 1990년 초에 UK 노동당 정치에 관여하기 시작하였는데, 이 과정에서 기존 좌파와 우파의 이념적 구분을 유연화하고 신자유주의 이념의 긍정적인 면을 수용하면서 사회민주주의를 혁신하는 길을 모색하고자 하였다. 제3의 길은 바로 변화된 사회 현실 속에서 재구성해야 할 정책적 개혁 방안을 제시한 것이었다.

기든스는, 노동당 블레어 정권이 출범한 다음 해인 1998년에 출간한 『제3의 길: 사회민수주의의 혁신』이 원래는 '사회민주주의의 혁신'이라는 제목을 달고 있었다고 말한 바 있다. 그는 이 책이 초기 블레어-클린턴 대화에 참석한 결과물의 하나라고 밝히면서, 자신이 말한 사회민주주의자란 개혁주의자 혹은 중도좌파를 뜻한다고 말했다. 그리고 '사회민주주의의 혁신'이 아닌 '제3의 길'이라는 제목이 학계 외부의 관심을 끌어낼 수 있었던 중요한 계기였다고 밝혔다(기든스, 2007:14).

기든스는 UK 중도좌파정당인 노동당의 당시 이념적 노선이었던 '사회민주의'와 이 노선에 기초하여 추진하였던 복지국가 정책에 계속 집착해서는 더는 집권이 어렵다는 점을 깨닫고, 사회민주주의를 혁신하지 않으면 안 된다고 생각했다. 무엇보다도 정치적 지지구조를 변화시키고 있는 사회변동의 중요한 흐름들을 이해하면서 이에 따라 정치와 정책의 변화를 추구해야 한다고 생각했던 것이다. 그렇다면 어떤 사회변동 또는 시대 전환의 양상이 기든스의 이론적 사고를 변화시켰고, 나아가 노동당을 통한 정치 전환을 추구하도록 만들었을까? 그리고 정치 전환의 이론 및 전략의 구체적 내용은 무엇이었나?

이 책은 기든스가 『제3의 길』에서 이런 질문들에 대한 답변으로 제시한 이론적, 실천적 주장들을 좀 더 풀어서 설명해 보려는 시도이다. 『제3의 길』은 지금으로부터 20여 년 전에 쓰여진 책이다. 당시 한국사회는 외환위기를 겪으면서 보수정당에서 중도개혁정당으로의 정권교체가 이루어져 김대중 정권이 들어섰다. 앞서 언급하였듯이 김대중 정권은 민주주의와 시장경제의 병행 발전이라는 기치를 내걸었는데, 제3의 길은 이러한 정치적 노선을 정당화하는 이론적, 정치적 근거로 이용되기도 하였다. 그런데 오랜 반공주의 독재정치와 권위주의 정치가 지배해 온 한국사회에서 사회민주주의나 복지국가와 큰 거리가 있는 정당이 자신의 정치적 노선을 제3의 길과 동일시하려 한 것은 단지 '중도노선'이라는 이미지만을 빌리려는 정략적인 것에 불과했다(기든스, 1998; 정태석, 1999). 민주주의의 발전이 여전히 중요한 정치적 과제로 남아 있던 한국사회에서 사회민주주의도 제3의 길도 여전히 먼 미래였다.

그렇다면 20여 년이 지난 지금 한국사회에서 『제3의 길』을 다시 읽는 것은 어떤 의미를 지니는 것일까? 그동안 한국사회가 큰 정치적 발전을 이루어서 이제 제3의 길을 적극적으로 활용할 만한 상황이 된 것일까? 물론 한국사회는 현재 세계에서 선진국으로 인정받을 정도로 경제 발전을 이루었고, 정치적 민주주의도 아시아 최고 수준에 이르렀다고 평가되고 있다. 그렇지만 그동안 정치이념적, 정책적 지형이 우경화되어 있는 상황에서, 사회민주주의를 지향하는 중도좌파정권이 집권하지도 못했고, 복지국가가 중심적 정부 정책으로 도입되지도 못했다. 중도개혁정권이 시민들로부터 진보정권으로 평가받으면서, 사회민주주의와 복지국가 노선마저도 여전히 '공산주의'와 '빨갱이사상'이라며 공격 받는 실정이다.

그렇다면 『제3의 길』은 한국사회의 현실에서는 이상적 노선일 뿐인, 서유럽 중도좌파의 특수한 정치적 노선일 뿐인가? 사실 제3의 길이 지닌 의미는 사회민주주의 혁신 노선 또는 신중도노선의 범례를 제시한다는 데에 있다기보다는, 시대 상황의 변화를 읽어 내고 이에 발맞춰 이론과 정치의 혁신을 이끌어 내는 열린 시각과 유연한 사고를 보여 주는 데 있다. 그래서 인지 기든스는 2018년 1월 2일자 『동아일보』에 실린 대담에서 "제3의 길이라는 용어를 그만 썼으면 좋겠다. 세계를 특정 생각에 규정지으려고 하지 말고 세계가 어떻게 변하고 있는지를 다양한 시각에서 먼저 분석해야 한다"라는 의견을 밝혔다. 그래서 세계화와 디지털 혁명이 가져온 변화에 주목해야 한다는 점을 강조하면서, '유례없는 기회와 위험이 공존하는 시대'라고 말한다.[2]

결국 중요한 것은 시대 전환의 흐름 속에서 새로운 좌파적, 진보적 정치 전략을 찾아가고자 하는 상상력이며 또한 그 상상력을 발휘하려는 노력과 시도이다. 출간한 지 20여 년이 지난 『제3의 길』을 되돌아보는 의의는 바로 여기서 찾아야 할 것이다. 그리고 이런 맥락에서 이 책은 한국사회의 진보좌파 정치가 정치적·사회적 개혁과 혁신의 길을 찾기 위한 상상력을 펼치는 데에도 도움을 줄 것이다.

---

2 기든스, 앤서니 & 한상진(2018.01.02.), 「'제3의 길' 주창 세계적 사회학자 앤서니 기든스-한상진 명예교수 대담」, 『동아일보』, 작성: 동정민, https://www.donga.com/news/article/all/20180102/87984534/1.

제3장
사회민주주의 혁신과 제3의 길

1. 제3의 길에 이르는 지적 여정

기든스는 UK의 대표적인 현대 사회학자로서 구조화이론, 고도 현대성 및 성찰적 현대성 이론 등을 제시하면서 사회변동의 다양한 양상들에 주목해 왔다. '제3의 길'은 이러한 이론들을 기초로 자신의 이론적, 정치적 입장인 중도좌파의 이념으로서 사회민주주의를 혁신하기 위한 방안을 모색한 것이라고 할 수 있다(김호기, 1999). 기든스는 『현대성의 결과들The Consequences of Modernity』(1990), 『친밀성의 변동: 현대사회의 성, 사랑, 에로티시즘The Transformation of Intimacy: Sexuality, Love and Eroticism in Modern

Societies』(1992), 『좌파와 우파를 넘어서Beyond Left and Right — the Future of Radical Politics』(1994) 등의 글을 통해 현대성의 거시적 제도들 ―자본주의, 공업주의, 감시체제(국민국가), 군사력(폭력수단 통제)― 이 발달하면서 자본주의가 변화하고 있고, 생태 위기가 확대되고 있으며, 세계화와 진전되고 있는 등 시대 변화의 특성을 읽어 내려고 하였고, 또한 민주주의와 시민사회의 발달 속에서 나타나는 일상생활 변화의 다양한 양상들에 주목하였다. 이 시기에 UK는 보수당이 장기 집권을 하고 있었고, 중도좌파는 집권을 하기 위해 스스로 변신하지 않으면 안 되는 상황에 놓여 있었다. 그래서 기든스는 중도좌파의 전통적 이념이었던 사회민주주의의 혁신이 필요하다는 점을 인식하면서 신자유주의 이념의 장점을 흡수한 사회민주주의 혁신의 방안을 이론적으로 제시하고자 하였고, 당시 노동당 당수로서 신新노동당 노선을 주창하였던 블레어Tony Blair는 『좌파와 우파를 넘어서』의 논지에 공감하면서 노동당 집권을 위한 새로운 정치 프로그램을 마련하는 데 고심하게 되었다. 이러한 고심의 결과로 신중도 노선을 주창한 블레어는 1997년에 집권에 성공하게 되는데, 그의 집권에 이론적 기반을 제공했던 기든스는 바로 다

음 해에 노동당의 새로운 정치 노선과 정책을 체계화한『제3의 길』을 출판하게 되었다.[3]

제3의 길은 이미 과거의 정치적 논쟁들 속에서 여러 번 제시되었던 용어인데, 기든스는 사회민주주의와 신자유주의 간의 정치적 대결이 치열한 상황에서 이 용어를 다시 사용함으로써 큰 정치적 반향을 불러일으키게 되었다. 앞서 보았듯이 기든스는 "사회민주주의의 혁신"을 "제3의 길"의 제목으로 생각하고 있다가, 이것을 부제로 돌렸다. 제3의 길이라는 표현이 주는 정치적 의미를 염두에 두어 의도적으로 사용함으로써 논쟁과 관심을 끌어내고자 했던 것이었다.

1938년에 태어난 기든스는 사회학자로서 마르크스, 베버, 뒤르켐과 같은 고전 사회학자들에 관한 연구에서 시작하여, 마르크스의 역사 유물론에 대한 비판적 독해를 통한 계급 이론의 재구성을 시도하였고, 사회학 방법론 논쟁 속에서 구조와 행위

---

3 블레어가 집권 전후에 추진했던 노동당의 노선과 정책 변화의 구체적 내용과 이에 대한 사후평가는『프레시안』에 2014년 4월 7일에 게재된 김윤태의 칼럼을 참조할 수 있다. 김윤태,「토니 블레어와 '제3의 길' 정치가 남긴 것들」, https://www.pressian.com/pages/articles/116066.

를 매개하는 구조화이론을 제시하면서 시간과 공간의 문제를 재구성하고자 하였다. 그리고 이러한 이론적, 방법론적 연구를 바탕으로 하여 현대 사회변동의 다양한 흐름을 종합하는 현대성과 성찰성에 대한 연구들을 발표하였다. 사회민주주의자로서 민주주의와 복지국가 등 현대 사회문제에 대한 그의 이론적, 실천적 관심은 1994년에 쓴 책『좌파와 우파를 넘어서』에서 본격적으로 표출되었는데, 이것이 UK 노동당과 연결되어 블레어의 집권을 도우면서 제3의 길을 체계화하는 중요한 계기가 된 것이었다.

『제3의 길』이 출간된 이후 서유럽 나라들을 중심으로 많은 이론적, 정치적 논쟁들이 일어났고, 좌파 이론가들로부터는 사회(민주)주의의 포기이자 신자유주의로의 투항이라는 냉소적인 비판들이 제기되었다. 그렇지만 정치적, 정책적 혁신을 통한 지지 확대를 추구해야 했던 독일 총리 슈뢰더나 프랑스 총리 조스팽 등 중도좌파 정치가들은 '사회민주주의의 혁신'이라는 제3의 길에 대한 공감을 표시하였고, 이후 제3의 길은 유럽 좌파정당들의 집권에 큰 도움을 주었다.

기든스는 책 출간 직후에 전개된 제3의 길을 둘러싼 이론적,

정치적 논쟁에 대한 대답으로『제3의 길과 그 비판자들*The Third Way and Its Critics*』(2000)을 내놓았고, 이후 자신의 주장을 뒷받침하기 위해 세계화, 환경, 기후변화, 과학기술 발전과 노동, 친밀성, 정체성 등 현대사회의 다양한 논쟁점들을 성찰하는 연구를 이어가고 있다.

2. 제3의 길과 사회민주주의의 혁신

'제3의 길'이라는 말을 들으면, 아마도 사람들은 "그러면 제1의 길과 제2의 길은 뭐지?"라는 질문을 던지게 될 것이다. 일반적으로 제3의 길은 두 개의 양극단의 길이 있고 이들이 서로 대립하고 있을 때, 양자 사이에서 절충점을 찾으려는 시도들로 나타나게 된다. 이런 점에서 제3의 길은 중도의 길로 볼 수 있는데, 중도는 '원칙을 포기하는 타협' 또는 '기회주의'라는 부정적 의미로 받아들여질 수도 있고 '극단적 대립을 극복하는 화해' 또는 '통합'이라는 긍정적 의미로 받아들여질 수도 있다.

역사적으로 제3의 길에 대한 정치적 모색이 공개적으로 제시되었던 것은 사회민주주의 세력에 의한 것이라고 볼 수 있다.

자본주의 시장경제의 발달이 이루어지고 있던 19세기는 자본주의로 인한 착취와 빈곤, 불평등이 심화하면서 이에 대한 근본적 대안으로 사회주의사상이 출현하고 또 확산하였던 시기였다. 격렬한 계급갈등 속에서 '자본주의 대 사회주의'라는 이념적 대립이 격화하였고, 사회주의 혁명을 추구한 정치세력들은 노동계급 운동과 혁명적 사회주의 운동을 결합하여 자본주의 체계를 무너뜨려야 한다고 주장했다. 1917년 러시아에서는 혁명을 통해 사회주의 정권이 수립되었고, 이러한 혁명적 운동을 서유럽으로 확산시키려는 정치적 시도들이 이루어졌다. 하지만 민주주의의 발달과 함께 물질적 개선이 이루어지면서 혁명에 대한 동조가 약화하였고, 이러한 현실 속에서 민주적 선거를 통한 집권과 정책적 개혁을 통한 점진적인 사회주의로의 이행을 주장하는 사회민주주의가 지지를 얻기 시작했다.

"제2차 세계대전 이후 초기 사회민주주의자들은 미국의 자본주의 시장경제와 소련의 공산주의 계획경제 양자와 구분되는 길을 모색한다는 의미에서 자신들의 생각을 '제3의 길'로 생각하였다"(정태석, 1999:95). '민주주의를 통한 사회주의의 길'을 가겠다고 한 것이 곧 당시의 제3의 길이었고, 이를 위해 선거를 통해 집권하여 완전고용, 보편적 복지, 기간산업 국유화, 사회적 시장경제 등 노동자계급 친화적인 정책들을 실현하고자 하였다(정태석, 1991:16-31). 이런 맥락에서 보면 당시 제3의 길은 무엇보다도 복지국가를 지향한 서유럽의 사회민주주의를 의미하는 것이었지만, 사회주의 진영에 속해 있으면서도 독자 노선을 추구했던 유고슬라비아의 시장사회주의도 일종의 '제3의 길'이었다고 평가할 수 있다.

그렇다면 이렇게 20세기 초중반에 선언되었던 제3의 길을 20세기 말에 다시 소환한 기든스의 제3의 길은 어떻게 받아들여야 할까? 단순히 선거에서 지지를 더 많이 얻기 위한 정치적, 정략적 중도노선을 의미하는 것일까? 여기서 우리는 기든스가 왜 '사회민주주의의 혁신'이라는 제목을 달려고 했는지를 이해할 필요가 있다.

사회민주주의자로서 기든스는 "실천적으로나 이념적으로 사회민주주의가 앞으로 살아남을 수 있을 뿐만 아니라, 더욱 발전할 수 있다고 믿는다. 그러나 그것은 사회민주주의자들이 여태껏 해 온 것보다 더욱 철저하게 기존 견해를 수정할 준비가 되어 있어야만 가능하다"라고 말했다(기든스, 1998:26). 특히 그는 기존의 사회민주주의가 추구해 온 노동자계급을 위한 복지 정책이 혁신되어야 하며, 그 방향은 '노동자들의 일하는 복지 Labour's welfare to work'가 되어야 한다고 생각한다. 말하자면 일자리가 불안정해지고 있는 오늘날에는 단순히 사후 복지 프로그램을 통해 일상적 삶의 안전을 보장하는 방식을 넘어서 적극적으로 일자리를 만들고 취업을 돕는 복지 프로그램을 제공하는 방식으로 나아가야 한다고 생각했다. 이러한 적극적 노동시장 정책들은 사실 스칸디나비아 나라들이 이미 추진해 왔던 것들이다(기든스, 1998:26).

기든스는 이러한 사회민주주의의 혁신이 사회주의나 공산주의 가치와 이상을 포기하려는 것이 아니라 새로운 방식으로 실현하려는 것이라고 분명하게 말한다. 다만 이러한 이상을 현실의 가능성과 어떻게 결부시킬 것인지, 그리고 그 실현을 위한 구체적 수단이 무엇인지를 고민하고 알아내는 것이 중요하다는 생각이다(기든스, 1998:32). 이처럼 그가 사회주의나 공산주의의 가치와 이상을 강조하면서도 제3의 길을 주장한다는 것은, 그가 사회주의를 실현하기 위해 추구했던 이전의 정치적 노선이나 전략이 더 이상 실현되기 어렵다는 점을 분명히 깨달았기 때문이다. 기든스가 제3의 길을 사회민주주의의 혁신이라고 말한 것은 이제 사회민주주의마저도 새로운 노선이나 전략을 모색하지 않으면 낡은 길이 되고 말 것이라는 위기감을 느꼈음을 보여 주는 것이다.

"사회주의는 자본주의를 인간적으로 변화시키거나 통째로 전복시키기 위하여 그것의 한계에 정면으로 맞서려고 한다. 사회주의 경제이론은, 자본주의가 그대로 방치된다면 경제적으로 비효율적이고, 사회적으로 분열적이며, 장기적으로 소멸할 수밖에 없다는 생각을 바탕에 깔고 있다"(기든스, 1998:35). 마르크스는 사회주의가 과잉생산의 비효율에서 벗어나 생산력을 발전시켜 더 많은 부를 창출하고, 착취를 폐지하여 부의 분배를 공평하게 할 것이라고 기대했다. 그런데 러시아 혁명 이후 사회주의 소련은 사회주의 계획경제의 실현에도 불구하고 생산력의 급속한 발전을 가져오는 데 실패하였고, 정치적 전체주의와 관료주의에 따른 새로운 분배 불평등을 만들어 냄으로써 부의 공평한 분배를 실현하는 데에도 실패하였다. 서유럽의 사회민주주의자들 역시 복지국가의 확대와 기간산업 국유화를 통해 민주적으로 사회주의로 이행하는 데 실패했다. 소련은 자본주의와의 경쟁에서 뒤처져, 결국 1980년대 말에 집권한 고르바초프는 페레스트로이카(개혁, 개방)를 선언하기에 이르렀다. 그리고 사회민주주의를 표방한 서유럽의 좌파 정권들은 세계 자본주의 경제의 위기 속에서 신자유주의의 도전으로 선거에서 패배하여 복지국가의 후퇴를 맞이하는 상황에 놓이게 되었다. 이제 사회민주주의의 혁신을 추구하지 않는다면, 사회민주주의의 미래는 점점 더 암울해질 수밖에 없었다.

기든스는 1990년대 전후로 UK 노동당이 미국 신민주당의 영향을 강하게 받았다고 말한다. "제3의 길이라는 용어를 스웨덴 사회민주당과 같은 다른 중도좌파정당들도 사용하였지만 그것을 다시 인기있는 것으로 만든 것은 미국 신민주당이다"(기든스, 2007:46). 미국의 신민주당의 정치적, 정책적 노선은 사실, 유럽 중도좌파정권에 비하면 신자유주의 정책을 더 많이 수용하고 있다는 점에서 보수우파 쪽에 더 가깝다. 1993년에 클린턴이 공화당으로부터 정권을 빼앗아 왔지만 시장주의 정책은 크게 변화하지 않았으며, 오히려 주변국들에게 시장 개방을 강제하여 자유무역을 추진함으로써 국내 기업들의 팽창을 도우려 하였다. 그리하여 IT산업과 금융산업이 크게 성장하였지만, 야

심차게 추진했던 전국민 의료보험도 기득권층의 반대에 부딪혀 결국 실패했다.

그런데 기든스는 미국 클린턴 정부가 집권하는 과정에서 신민주당이 추구했던 정책적 변화에 주목한다. 클린턴의 대통령 당선을 도운 정책분석가들은 "더 세계화된 경제의 발전, 육체노동자의 감소와 그로 인한 노동계급의 감소, IT와 서비스 산업의 역할 증대, 그리고 국제적인 것으로서 냉전종식 등에 비추어 볼 때 민주당의 전통적 관점은 재검토되어야 한다"고 주장했다(기든스, 2007:46). 물론 이 시기 미국의 정권교체는 전통적 제조업을 중시한 공화당과 새로운 첨단산업과 금융산업을 중시한 민주당 간의 정권교체로서, 전통적 자본가계급과 신중간계급 간의 교체였을 뿐 중하층계급이나 노동자계급의 삶에 큰 변화를 가져다주지 못했다는 냉소적인 평가도 있다. 하지만 기든스는 신민주당이 시대적 사회 환경의 변화를 읽어 내고 이에 맞춰 정치적, 정책적 변화를 추구했다는 점에 주목하였다. 그 핵심은 기회, 책임, 공동체의 가치를 강조하였다는 점이다(기든스, 2007:47).

신민주당의 혁신에 대한 기든스의 평가는 사회민주주의의

혁신을 추구한 방향 속에서 이미 드러난 바 있다. 『제3의 길』이 출간된 몇 년 뒤에 기든스는 "정치적 좌파에 속한 많은 사람들은 오랫동안 신자유주의적 주장을 반대하거나, 그러한 주장에 맞서 좌파적 사고를 방어적으로 다시 작동시키는 데 쏠려 있었다"라고 비판하면서, 변화된 현실 속에서 사회민주주의의 혁신을 위한 근본적인 성찰과 과거와의 단절이 필요함을 재차 강조하였다(기든스, 2002:45). 기든스는 블레어와 슈뢰더가 전통적 사회민주주의 견해와 거리를 두었다고 보면서, 전통적 사회민주주의에서 "사회정의의 추구는 종종 결과의 평등에 대한 우선적인 강조와 동일시된다. 결국 노력과 책임을 간과한 것이다"라고 지적하였다. 오늘날 기술 변화와 경제 발전은 유연한 시장과 새로운 지식에 대한 적응과 학습의 필요성을 높이고 있는데, 이것은 결과의 평등에 앞서 기회의 평등을, 사후적 복지에 앞서 사전의 적극적 복지를 추구함으로써 가능하다는 것이다(기든스, 2002:56-57). 전통적 사회민주주의의 한계는 바로 이러한 사회변동에 적극적으로 대응하지 못하고 있다는 것이다.

3. 사회민주주의 대 신자유주의

기든스는 궁극적으로 사회주의를 지향했던 사회민주주의가 자본주의의 극복에 실패하며 스스로 위기에 봉착한 이유를 다음과 같이 말하고 있다. "사회주의 경제이론은 늘 자본주의가 쇄신하고 적응하여 생산성을 증가시킬 수 있는 능력을 지니고 있다는 점을 과소평가하였다. 또한 시장이 구매자와 판매자를 위해 필수적인 자료를 제공하는 정보 장치로서 갖는 중요성을 포착하지 못하였다. 이러한 부적합성은 1970년대 초부터 세계화와 기술 발전이 강화되는 과정에서 확실히 드러났다"(기든스, 1998:36). 기든스는 자본주의 시장경제의 위기 적응능력과 생산성 증대능력, 수요와 공급을 조절하는 능력에 주목하면서 신자유주의의 주장을 무조건 거부해서는 안 된다고 보았다.

이것은 기든스가 사회민주주의 혁신의 중심적인 요소를 시장의 긍정적 역할에 대한 이해와 수용에서 찾고 있음을 말해준다. 고전적 사회민주주의가 중요시해 온 복지국가와 신자유주의가 중요시해 온 시장이 서로 결합하여 긍정적인 효과를 낼 수 있도록 해야 한다는 것이다. 이것은 국가의 개입과 시장 자유가 조화를 이룰 수 있는 길을 찾는 것이다. 그래서 그는 고전적 사회민주주의와 신자유주의(대처리즘) 간의 쟁점을 보여 주기 위해 양자를 대비시키고 있는데, 그 내용은 아래 표와 같다 (기든스, 1998:39).

고전적 사회민주주의(구좌파)	대처리즘 또는 신자유주의(신우파)
• 사회적·경제적 생활에서 광범한 국가 개입 • 시민사회에 대한 국가의 지배 • 집합주의 • 케인즈적 수요 관리와 코포라티즘 • 시장의 제한적 역할: 혼합적 또는 사회적 경제 • 완전고용 • 강한 평등주의 • 시민을 '요람에서 무덤까지' 보호하는 포괄적 복지국가 • 단선적 현대화 • 낮은 생태 의식 수준 • 국제주의 • 양극적 세계에 귀속	• 최소한의 정부 • 자율적 시민사회 • 시장 근본주의 • 도덕적 권위주의와 강한 경제적 개인주의 • 다른 시장과 마찬가지로 노동시장 개방 • 전통적 국민(민족)주의 • 불평등의 수용 • 안전망으로서의 복지국가 • 단선적 현대화 • 낮은 생태 의식 수준 • 국제 질서에 대한 현실주의적 이론 • 양극적 세계에 귀속

여기서 먼저 구식 또는 고전적 사회민주주의의 특성을 살펴보자. 사회민주주의자들은 마르크스가 제기한 자본주의 시장경제의 문제점을, 민주적인 방법으로 집권한 좌파정권의 국가가 시장개입을 통해 어느 정도 완화하거나 극복할 수 있으리라 생각했다. 정부, 기업(자본), 노동조합이 함께 관여하는 집합적 결정(코포라티즘)을 통해 분배를 개선하고, 나아가 기간산업을 공유화/국유화하여 사적 소유에 기초한 착취를 줄여 나가면 계급 불평등을 크게 완화할 수 있다고 본 것이다.

사회민주주의 이념에 입각한 자본주의 시장에 대한 국가의 개입은 크게 두 가지 맥락을 지니고 있는데, 하나가 시장경제의 불합리성이나 불안정성에 대한 조절이라면, 다른 하나는 시장이 만들어 내는 불평등과 가난에 대한 개선이다. 그리고 케인즈John Maynard Keynes의 유효수요이론과 완전고용이론은 이러한 이중적인 국가 개입의 효과를 경제이론으로 뒷받침해 주었다. "케인즈는 시장 자본주의가 수요 관리와 혼합 경제의 확립을 통해서 안정될 수 있는 방법을 보여 주었다"(기든스, 1998:41).

복지국가가 추구하는 보편적 복지제도 역시 시민들의 수요를 공적으로 만들어 냄으로써 유효수요 창출이라는 케인즈의 경제이론과 부합하였다. 게다가 누진세에 기초한 보편적 복지 제도는 사회민주주의가 추구하는 평등 이념과도 잘 맞아떨어졌다. "복지국가는 두 가지 목표가 있다. 더욱 평등한 사회를 창조하는 것과 개인의 생활을 주기적으로 보호하는 것이다"(기든스, 1998:42). 이처럼 게인즈의 경제이론은 혼합경제를 통한 시장 조절과 복지국가를 통한 불평등 해소라는 국가개입의 이중적 목표 추구를 이론적으로 뒷받침해 주는 사회민주주의 국가의 경제이론 역할을 하였다. 서유럽에서 복지국가는 자유주의자나 보수주의자들에 의해 도입되었지만, "전후 복지국가의 강력한 기반은 일반적으로 육체노동계급이었으며, 이 계급은 20년 전까지[저자 주 — 대략 1970년대 말까지] 선거에서 사회민주주의 정당을 위한 지지의 핵심적 근원이었다"(기든스, 1998:42).

1970년대 말에 사회민주주의가 쇠퇴의 길로 접어들기 전까지 사회민주주의자들은 '사회주의로의 민주주의적 길'을 걷는다는 공통의 방향을 추구하는 경향이 있었다. 좌파정권이 들어서면 기업의 자본 소유권을 조금씩 정부나 노동조합으로 이전시킴으로써 자본의 사적 소유를 점진적으로 철폐할 수 있으리라고 기대했다. 그리고 국가에 의한 완전고용의 추구와 보편적 복지의 확대를 통해 불평등이 크게 해소될 수 있을 것으로 생각했다. 이것은 사회주의로 나아가는 단선적 현대화에 대한 믿음으로 보였다(기든스, 1998:42).

한편 완전고용과 복지국가를 지향한 사회민주주의는 국가-자본-노동 3자 간의 타협이라는 코포라티즘corporatism을 통해 노동자들의 물질적 이익을 보장하기를 원했다. 코포라티즘은 국가(정부)가 경제성장을 위해 자본가계급과 노동자계급 간의 타협을 이끌어 내는 통치방식이나 국가의 성장전략에 자본가계급과 노동자계급이 자발적으로 협력하는 체제를 의미한다. 이것은 성장을 위한 세 세력의 동맹에 의존한다. 국가는 기업(자본)으로부터 세금을 거두어들여 노동자들의 복지를 확대하고, 노동자들은 임금상승을 억제하는 대신 안정적 일자리와 복지혜택을 보장받기 위해 기업의 생산활동에 적극적으로 참여하고, 자본가(기업)들은 적극적 생산활동을 통해 이윤을 늘릴 수 있게 되어 그만큼 국가에 더 많은 세금을 납부할 수 있게 된다. 이러한 삼자 간 타협은 노동자들이 국가와 기업의 성장전략에 적극적으로 협력할 때 안정적으로 유지될 수 있다. 그런데 생태주의는 이러한 성장을 제한하기를 원하는 것이므로, 노동자계급의 물질적 이익 증대를 추구하는 사회민주주의 정당의 입장에서는 적극적으로 찬성하기 어려운 가치였다. 게다가 코포라티즘과 복지국가가 한 나라 단위의 타협에 기초하고 있었기에 세계주의적 전망을 지니기도 어려웠다. 국제주의를 표방하였지만, 세계적 문제들에 정면으로 맞서기보다는 몇몇 정당들 사이의 연대와 협력을 추구하는 데 그쳤고, 냉전이 만들어 놓은 양극적 세계에서 벗어나지 못하고 "미국의 복지 최소주의와 공산주의의 통제경제 사이에 자리잡게 되었다"(기든스, 1998:42-43).

그렇다면 신자유주의는 어떤 특성들을 가지고 있을까? 구식 사회민주주의가 구좌파의 견해라면, 신자유주의는 신우파의 견해라고 할 수 있다. 고전적 자유주의에 기초한 시장경제가 대공황으로 인해 위기에 빠지면서 시장에 대한 국가의 개입은 피할 수 없는 과정으로 여겨졌고, 복지국가를 통한 불평등의 해소도 국가의 정당한 공적 기능으로 받아들여졌다. 하지만 자유주의자들은 국가의 개입을 '개인의 자유를 방해하고 억압하는 것'으로 생각한다. 그래서 개인들이 활동하는 시민사회가 국가의 개입으로부터 자유로울 때 자율성을 바탕으로 번영할 수 있다고 본다. 시민사회는 국가의 간섭이 없을 때, "고상한 인격, 정직, 의무, 자기희생, 명예, 봉사, 자기 규율, 관용, 존경, 정의, 자기 향상, 신뢰, 품위, 의연함, 성실성, 근면, 애국심, 타인에 대한 배려, 근검절약과 공경심을 포함한 덕목을 갖게 될 것"이라고 말한다. 자율적인 시민적 질서에 대한 자유주의자들의 옹호는 쉽게 시장 자율성에 대한 옹호로 연결된다. "복지국가는 시민적 질서를 파괴하는 데 비해, 시장은 개인의 창의성에 힘입어 번영"한다는 것이다(기든스, 1998:45).

신자유주의자들은 자유주의자들의 '시민사회 자율성' 주장을 무엇보다도 '시장의 자율성' 주장과 연결하려고 한다. 그래서 시장의 자유, 즉 정부의 간섭을 최소화할 것을 주장한다. 그런데 이러한 시장 자유주의는 전통을 중요시하는 문화적 보수주의와 결합하는 경향을 보인다. "신자유주의자들은 구속받지 않는 시장 세력을 전통적 제도, 특히 가족과 민족의 옹호와 연결시킨다. 그들은 경제 영역에서는 개인의 창의성이 발휘되어야 하지만 다른 영역에서는 의무와 책무가 고양되어야 한다고 주장한다"(기든스, 1998:45). 이것은 결국 시장에서든 시민사회에서든 개인의 선택과 이에 따른 책임을 강조하기 위한 것이다. 이렇게 되면 이제 사회적 불평등은 개인의 선택에 따른 책임으로 여겨진다. 그래서 자유주의자들은 '기회의 균등'을 바람직하다고 보면서, "시장이 자유롭게 작동하는 사회는 심한 경제적 불평등을 초래할지 모르지만, 의지와 능력 있는 사람들이 자신들의 능력에 걸맞은 지위에 오르는 한, 그 불평등이 문제로 여겨지지 않는다"라는 생각을 보인다(기든스, 1998:46).

이처럼 시장에서 균등한 기회를 가진 개인들이 스스로 선택하여 얻은 결과에 대해서는 스스로 책임을 져야 하는데, 자유주의자들은 이로 인해 생긴 불평등이나 빈곤의 해결을 위해 국가에 의존하려는 것에 비판적이다. 그래서 "신자유주의의 가장 두드러진 특징 가운데 하나는 복지국가에 대한 적개심이다." 복지국가는 개인들의 진취적 자립정신을 마비시키고 자유 사회의 기초를 잠식하게 될 것이기 때문이다. 신자유주의자들은 시장 주도의 경제성장으로 전체적인 부를 증대시키는 것이 개인들에게 복지를 제공하는 방안이라고 생각한다(기든스, 1998:46-47).

이들은 또한 경제성장을 추구하면서 생태 문제를 무시하거나 적대시하는 태도를 보인다. 생태적 위험성은 과장되거나 존재하지 않는다고 주장한다. 이들에게서는 오직 자유시장을 통한 경제성장만이 현대화의 길이다(기든스, 1998:47).

신자유주의는 고전적 사회민주주의와 달리 자본주의 시장경제의 세계화를 적극적으로 추구한다. 시장 개방을 통한 세계시장 통합을 지향한다. 그런데 이것은 시장에만 해당할 뿐이며, 국제관계에서는 전통적 국민의 수호자로서 현실주의의 입장을 취한다. 세계는 아직 국민국가들의 사회이고, 국제관계에서 전쟁을 위한 준비와 군사력 유지는 국가의 필수적 역할이며, 이런 점에서 국민국가의 권력은 여전히 중요하기 때문이다. 이런 맥락에서 신자유주의는 세계 사회를 양극적 세계질서의 관점에서 바라보고 있음을 보여 주는데, 이점은 구식 사회민주주의도 마찬가지이다(기든스, 1998:47). 세계시장은 여전히 양극적 세계질서 속에 존재하고 있으며, 자유로운 세계시장을 보호하기 위해서라도 국민국가는 군사적 갈등을 억제할 수 있는 권력을 가지고 있어야 한다. 결국 국가는 대내적으로는 시장의 자유를 보장하기 위해, 그리고 대외적으로는 세계시장을 보호하기 위해 권력을 지녀야 한다는 것이다.

『제3의 길』은 실제 노동당 블레어 정권의 집권 전략에 활용되었던 이념과 가치, 정책 방향을 정리한 것이다. 제3의 길에 의한 집권전략이 성공한 것은 한편으로는 노동당이 전통적인 사회민주주의 노선을 버리고 신자유주의의 원리를 부분적으로 수용했기 때문이기도 하지만, 오랜 보수당 집권하에서 신자유주의 정책들이 한계에 부닥치고 도전을 받게 되었기 때문이기도 했다. 그래서 기든스는 신자유주의가 곤경에 빠지게 된 이유에 주목한다. "그 주된 이유는 두 가지 구성 요소인 시장 근본주의와 보수주의가 긴장 관계에 있기 때문이다"(기든스, 1998:48).

우파는 전통적으로 보수주의와 자유주의를 선호해 왔는데, 보수주의는 일반적으로 가족이나 공동체, 국민 정체성과 같은 전통적인 가치를 지키기를 원한다면, 자유주의는 개인의 자율성 확대를 원한다. 여기서 신자유주의가 중시하는 "시장사회의 역동성은 전통적 권위 구조를 훼손하고 국지적 공동체를 파괴한다. 신자유주의는 새로운 위험과 불확실성을 만들어 내면서 시민들에게는 그것들을 무시하라고 요구한다"(기든스, 1998:49).

그렇다면 구식 사회민주주의는 아무런 문제가 없는 것일까? 사회민주주의가 의지해 온 '복지에 대한 합의' 역시 시대 상황의 변화로 인해 한계에 봉착해 있다. 기존의 복지제도는 생계부양자 남성과 가정주부 여성으로 이루어진 가족에 근거하여 완전고용의 문제를 사고해 왔고, 육체노동자들에 기초한 동질적인 노동시장이 쇠퇴하면서 실업의 위험이 커졌고, 대량생산에 기초한 경제가 제공한 안정적인 노동조건이 불안정해졌고, 대외무역의 규모가 커지면서 국내 경제의 우위가 약화되어 전통적인 경제 주권을 유지하기가 어려워졌다. 그래서 평등주의를 지향하며 추진했던 다양한 정책과 제도들이 새로운 문제들을 만들어 내고 있다(기든스, 1998:49-50). 자본주의가 만들어 내는 시민들 간의 격차와 불평등을 복지제도의 평등주의로 상쇄하는 데에는 한계가 있다는 사실이 드러나고 있다는 것이다.

기든스는 『제3의 길』 이후에 있었던 한 대담에서 '시장이 거의 모든 점에서 정부보다 우월하다'라는 근본 이념으로서의 신자유주의를 받아들이는 사람은 별로 없다고 말하면서, 세계은행과 같은 주요 세계 기구들조차 좀 더 효과적이고 투명한 정부의 필요성을 말하고 또 세계의 불평등에 대처할 것을 강조함을 지적한다. 그래서 좌파의 가치들 —연대, 사회정의, 약자에 대한 보호, 그리고 이런 것들을 성취하기 위해서는 적극적 정부가 필요하다는 신념— 은 오늘날에도 여전히 중요하다는 점을 강조한다(기든스, 2000:108-110). 그리하여 기든스는 '제3의 길 정치'에 대해 다음과 같이 말한다.

"나에게 제3의 길 정치는 사회민주주의의 새로운 탄생에 관한 것입니다. 이것은 확실히 중도좌파의 기획이지만 구좌파의 독단과 편견을 던져 버리는 것에 대해 두려워하지 않습니다. 당신이 앞에서 그러했듯이 제3의 길 정치를 시장을 방치하는 것과 동일시하는 것은 아주 잘못된 것입니다. 우리는 세계화를 심각하게 받아들여야 하는데, 이것은 국내적으로뿐만 아니라 국가 수준을 넘어서도 대응하는 것을 의미합니다. 전 지구적 경제의 좀 더 효과적인 관리 운영, 세계적 평등의 확대 그리고 좀 더 나은 생태·환경적 규제를 달성하는 것은 가능하기도 하고 필요하기도 합니다"(기든스, 2000:110).

4. 정치적 지지구조의 변화와 사회민주주의 혁신의 방향

신우파 보수당의 신자유주의가 곤경에 빠졌다고 해서 이것이 중도좌파 노동당의 집권을 가져다주는 것은 아니다. 사회민주주의가 여전히 낡은 모습을 버리지 못하면 시민들의 지지를 얻는 데 실패할 것이며, 이것은 집권이 불가능함을 의미한다. 유럽을 비롯한 많은 지역의 사회민주주의 정당들은 이미 이런 점을 알고 있었고, 1980년대 초부터 이런 문제들에 능동적으로 대응하려고 노력해 왔다. 이 과정에서 1989년 동유럽 사회주의권의 붕괴는 이러한 흐름에 역동적 힘을 부여했다.

고전적 사회민주주의 원리로부터 이탈하려는 움직임은 유럽 곳곳에서 생겨났는데, UK에서는 1987년에 노동당이 정책 심의 기구에서 개인의 자유와 선택을 더욱 강조해야 한다는 합의를 이루었다. 기업 공유화 확대 약속과 케인즈적 수요관리정책이 포기되었고 노동조합 의존도는 약화하였다. 생태적 주제가 도입되었지만 다른 정책들과 효과적으로 통합되지 못했다(기든스, 1998:51-52). 다른 유럽의 사회민주주의 정당들은 경제적 생산성, 참여적 정책, 공동체 개발, 생태 문제 등에 관심을 가지기 시작했고, 자원 배분의 문제로 다투기보다는 생산의 물리적·사회적 조직이나 소비의 문화적 조건을 다루는 방향으로 나아갔다. 노르웨이에서는 공과 사의 균형, 노동 일수의 유연성, 교육 기회, 환경, 주택, 경제민주주의 등이 쟁점이 되었고, 이탈리아에서는 좌파와 우파 범주의 유의미성, 생태적 관심, 공동체 참여, 헌정 개혁 등이 중심 주제로 부상하였다. 독일에서는 생태적 관심이 크게 부상하였고, 탈물질주의의 중요성을 인정했다. 경제적 번영이 어느 정도 성취되어감에 따라, 경제적 쟁점보다 삶의 질에 관해 관심을 가진 '풍요로운 다수'는 집합주의와 연대라는 사회민주주의 정신에서 멀어졌다고 생각했다. 이것은 개인적 성취와 경제적 경쟁이 부상한 결과였다(기든스, 1998:52-54).

사회민주당의 시장 질서 수용은 국가개입주의의 후퇴를 의미했고, 그 결과, '경제적 성과와 사회적 안전의 조화', '개성과 연대의 공존'이 강조되었다. "중요한 유권자층이 사회민주당을 경제 현대화 과업 측면에서는 신뢰하지 못하고 단지 사회적 안전 장치 확보라는 측면에서만 신뢰한다면, 사회민주당은 다수당이 되기는 매우 어려울 것이다"(기든스, 1998:54). 민주주의적 자본주의 사회에서 사회민주주의 정당의 집권은 시민 다수의 지지를 얻을 때 가능한데, 시민들의 새로운 욕구에 부응하지 못한다면 집권이 어려울 수밖에 없는 것이다.

사회민주주의 정당의 집권이 어려워졌다는 것은 결국 그동안의 사회구조 변동이 시민-유권자들의 의식을 변화시켜 놓았다는 것을 말해 준다. 자본주의 시장경제의 발달과 물질적 풍요의 확대, 서비스 사회로의 산업구조 변화와 일자리 구조의 변화, 경제성장으로 인한 생태 문제의 심화 등, 계급 분화와 사회분화에 따른 이익과 가치 지향의 다양화는 개인들의 욕구를 변화시켜 정치적 지지 유형의 변화를 낳은 것이다. "투표와 정치적 제휴의 기반이었던 계급 관계는 육체 노동계급이 급격히 감소함에 따라 극적으로 변화했다. 또한 여성이 대대적으로 노동 인력으로 유입됨으로써 계급에 기반을 둔 지지 유형이 더욱 불안정해졌다. 일정 규모의 소수는 더 이상 투표조차 하지 않고 근본적으로 정치 과정 밖에 존재한다"(기든스, 1998:55).

19세기 말과 20세기 초에 자본주의가 발달하고 자본가계급과 노동자계급 간의 갈등이 중요한 사회적 쟁점이 되면서, 계급에 기반을 둔 정당들이 결성되었고, 이에 따라 제도 정치는 계급 정당들 사이의 대립과 타협의 과정이 되었다. 노동자계급의 이익을 대변하고자 1900년에 결성된 UK의 노동당은 주요 산업의 국유화와 복지제도의 확대를 내세우며 보수당과 경쟁하였다. 이것은 제도 정치가 계급 정치를 중심으로 작동하도록 만들었다. 그런데 공업 중심의 산업구조가 유통 및 서비스업 중심으로 바뀜에 따라, 육체노동자가 감소하고 사무직·관리직·판매직·서비스직 노동자들의 수가 늘어나면서 노동자계급의 이해관계가 점점 더 분화해 갔다. 또한 여성들의 노동 참여가 늘어나고 또 환경문제에 대한 관심이 증대되면서 정치적 쟁점들도 계급, 성, 환경, 소비 등으로 다양화되었다. 이것은 이익과 가치 지향의 분화 속에서 지지구조의 변화를 가져왔다.

물질적 풍요 속에서 성장한 젊은 세대에서는 물질주의로부터 탈물질주의로의 가치관 변화가 나타났고, 정치적·사회적 쟁점의 다양화는 계급 구분이나 우파·좌파 이분법에 부합하지 않는 가치 분포의 변화를 가져왔다. 경제적 보상의 극대화보다 자기표현이나 의미있는 노동에 대한 욕구가 더 중요해지고, 권위에 대한 비판적 태도가 강해지고 있다는 것이다(기든스, 1998:56).

기든스는 좌파와 우파 구분의 부적합성을 보여 주기 위해 존 블런델John Blundell과 브라이언 고스초크Brian Gosschalk의 연구 결과를 가져온다. 이들은 UK에서 "사회적·정치적 태도에 따라 보수주의, 자유지상주의libertarian, 사회주의, 권위주의라고 일컫는 네 집단으로 나누어지는 것을 발견했다." 여기서 경제적 자유(자유시장에 대한 신념)와 개인적 자유는 서로 다른 축을 형성한다. "보수주의(=신자유주의)자는 시장의 자유에 찬성하지만, 가족, 마약, 낙태 등와 같은 쟁점에서는 강력한 국가 통제를 원한다. 자유지상주의자들은 모든 방면에서 개인주의와 낮은 수준의 국가개입을 좋아한다. 사회주의자들은 보수주의자들과 반대이다. 그들은 경제 생활에서 더 많은 국가개입을 바라고 시장을 불신하고 있으나 도덕적 쟁점에 관한 한 정부에 대해 회의적이다. 권위주의자는 경제적인 것과 도덕적인 것 양자를 포함하여 모든 영역에서 정부가 강력한 통제를 유지하기를 희망한다. 그 외 다른 사람들은 훨씬 모호한 정치적 견해를 갖고 있다"(기든스, 1998:57).

그렇다면 1997년 선거 직전에 UK의 정치적 지지구조는 어떠했을까? 당시 조사 자료에 의하면, 보수주의자가 약 34%, 자유지상주의자가 약 20%, 사회주의자가 18%, 권위주의자가 13%, 그 외가 15% 정도였다. 1997년 선거에서 노동당은 보수주의자를 제외한 집단에서 1위를 차지했고, 보수당을 지지한 사람들의 84%는 보수주의자나 자유지상주의자 집단에 속했다. 연령

별 지지성향을 보면, 55세 이상의 54%, 15~24세까지의 18%가 보수주의자에 속했다. 이것은 정치적 노선이나 가치 지향에서 전통적인 좌파와 우파의 구분이 희미해지고 있음을 보여 준 것 인데, 특히 시장의 자유와 (시민적 삶이나 사생활에서) 개인의 자유 사이에 가치 지향의 분화가 뚜렷이 나타나고 있으며, 특히 젊 은 세대에서 더 뚜렷하게 나타나고 있음을 알 수 있다. '자본주 의냐, 사회주의냐?'의 구분이 지니는 의미는 약화된 반면에, '자 유지상주의냐, 권위주의냐?' 또는 '현대적이냐, 전통적이냐?'의 구분이 지니는 의미는 강화되고 있다는 것이다(기든스, 1998:58).

그동안 사회민주주의 정당들은 사회주의적 가치와 물질적 분배라는 면에서 동질적인 계급 블록에 의존하는 계급 정치를 중심적인 정치 전략으로 삼아 왔는데, 노동자계급의 동질성이 점차 약화되고 젊은 유권자들과 여성 유권자들 사이에서 새로 운 다양한 가치 지향들이 나타나고 있는 현실 속에서 계급 중 심의 정치 전략을 수정하지 않으면 다수의 지지를 얻기가 점점 더 어려워지게 되었다(기든스, 1998:59).

그렇다면 이제 사회민주주의는, 또는 노동당은 어떻게 해야 할까? 제2차 세계대전 후 초기에 사회민주주의자들은 자신들이 미국의 시장 자본주의와 소련의 공산주의, 양자와 구분되는 길을 모색하고 있다고 확신했다. 1951년에 재건된 사회주의 인터내셔널이 제3의 길이라고 한 말은 바로 이런 의미였다. 그리고 약 20년 후에 체코에서 시장 사회주의를 제3의 길이라고 주장했고, 1980년대 말에는 스웨덴의 사회민주주의자들이 제3의 길을 언급하였다. 이런 맥락 속에서 1990년대 중후반에 미국의 빌 클린턴과 UK의 토니 블레어가 제3의 길을 선언했을 때, 유럽대륙의 사회민주주의자들은 크게 환영하지 않았으며, 오히려 진부한 신자유주의라는 비판의 목소리가 높았다. 하지만 기든스는 자신의 제3의 길이 "구식 사회민주주의와 신자유주의를 뛰어넘는 시도"를 의미한다는 점을 분명히 말하고 있다(기든스, 1998:62).

1998년에 서유럽의 UK, 프랑스, 이탈리아, 그리스 등과 함께 스칸디나비아 나라들에서 사회민주주의 정당 또는 중도좌파 연합이 집권하고 있었다. 그런데 선거 승리에도 불구하고 미래를 위한 새롭고 통합적인 정치 전망을 형성하지는 못하였다. 자본주의에 대한 대안이 없는 세계에서 어디로 갈 것인지에 대한 방향 설정이 불투명했기 때문이다.

"당은 이 변화하는 시대에 사고 전환이 필수적인 듯이 보이면서도 변화 자체가 사고 전환의 성공을 어렵게 만들고 있다는 점을 알고 있다. 과학은 이 시대에 어떠한 진단, 즉 무엇이 일어나고 있으며 미래는 어떻게 전개될 것인가에 대한 일반적인 이해를 전혀 제공하지 못하고 있다"(기든스, 1998:61).

기든스는 자신의 제3의 길이 이에 대한 명확한 답변을 제공할 수 있다고 주장하지 않는다. 그것은 다만 20세기 말 자본주의의 새로운 전개 양상과 새로운 사회변동의 양상들 속에서, 정치적 지지구조의 변화로 계급 정치와 선거정치의 지형이 바뀌어 버린 시대적 상황에 대응하여, 사회민주주의 정치가 어디로 나아가야 하는지 좌표를 찾고자 하는 현실적 과정일 뿐이다. 사회민주주의 혁신의 방향을 찾기 위해서는, 무엇보다도 오늘날의 사회변동의 중심 원리를 발견해 내지 않으면 안 된다. 기든스가 주목하고 있는 다섯 가지 딜레마는 바로 사회민주주의가 과거의 이념과 사고방식을 근본적으로 성찰하지 않을 수 없도록 하는 혁신의 고리들이다.

제4장
사회민주주의 정치의
다섯 가지 딜레마와 제3의 길 정치

1970년대 후반 노동당 정권 시기에 세계경제 하락 국면이 지속되면서 복지재정을 확대해 온 정부는 재정위기를 맞게 되어 1976년 말 IMF 구제금융을 받게 되었다. 그래서 노동당 정부는 사회복지 지출삭감, 임금상승 억제, 재정긴축 등 IMF가 요구한 신자유주의 정책을 받아들이지 않을 수 없게 되었고, 이 과정에서 노동계와의 갈등이 심화되어 총파업이 발생하기도 했다. 반면에 보수당 중심의 우파세력들은 신자유주의로의 정책 전환을 적극적으로 환영하였다. 노동당 정부에 대한 불만이 높아진 가운데 치러진 1979년 총선에서 제임스 캘러헌Leonard James Callaghan 노동당 정부가 패배하면서 정권은 보수당 대처 정부에

게로 넘어가게 되었다. 그리하여 대처 정부는 노동자들의 저항을 억압하면서 신자유주의 정책을 적극적으로 추진할 수 있었다.

반노동자적, 반복지적 신자유주의 정책을 지속한 대처 정권이 연임하게 되면서 노동당의 재집권 전망은 점점 더 어두워졌다. 당연히 노동당 내부에서는 사회민주주의의 가치와 노선을 그대로 유지할 것인지에 관한 논쟁이 생겨났다. 앞서 보았듯이 20세기 후반 사회변동은 복잡한 양상으로 전개되었고, 이에 따라 구식 사회민주주의는 다양한 딜레마 상황에 놓이게 되었다. 기든스는 제3의 길을 제안하면서 사회민주주의의 혁신이 크게 다섯 가지 딜레마를 해결하려는 노력 속에서 이루어져야 한다고 생각했다. 그것들은 각각 세계화, 개인주의, 좌파와 우파, 정치적 행위체, 생태적 쟁점들 등이다.

1. 세계화: 국민국가의 변화와 새로운 역할들

세계화globalization와 관련한 중요한 질문들로는 "세계화는 새로운 현상인가?", "세계화는 국민국가를 약화시키는가?" 등이 있다. 세계화라는 용어가 널리 사용되기 시작한 것은 80년대 말부터라고 할 수 있는데, 여기에는 소련의 서기장 고르바초프가 페레스트로이카 정책을 통해 개혁과 개방의 길로 나선 후 소련이 해체되고 동유럽 사회주의 나라들이 무너진 것이 큰 영향을 끼쳤다고 볼 수 있다. 사회주의 진영이 무너지면서 드디어 세계가 하나의 자본주의 시장경제로 통합될 것이며, 세계적으로 국민국가의 경계가 약화될 것이라는 생각이 좀 더 뚜렷해지는 계기가 되었다.

물론 이전부터 종속이론이나 세계체계론에서는 전통적인 국민국가를 넘어선 세계경제의 중요한 행위자로 선진국(중심국)에 기반을 둔 다국적기업MNC 또는 초국적기업TNC에 주목하였고, 이들이 국제적 분업과 무역의 확대를 주도하면서 중심국과 주변국 간의 경제적 지배-종속과 불평등이 심화되고 있다는 사실을 보여 주고자 하였다. 그런데 이러한 세계경제 분석에서 주로 사용된 용어는 국제화internationalization였다. 비록 월러스틴 I. Wallerstein이 세계체계world-system라는 개념을 통해 국가 간의 교환경제가 확대되어 온 오늘날의 세계가 자본주의 시장경제라는 단일한 세계경제체계 속에 통합되면서 국민국가의 경계는 약화되었다는 점을 보여 주려고 했지만 말이다.

국제화라는 용어와 비교해 보면 세계화라는 용어는 확실히 국민국가의 경계 약화라는 현실을 표상하는 데 더 적합한 개념임에 틀림없다. 국제, 즉 나라 간의 관계가 아니라 세계, 즉 하나의 공간이라는 표상인데, 그래서 이러한 현실을 강조하고자 하는 사람들은 세계화라는 용어를 더 널리 사용하게 된 것으로 보인다.[4]

그런데 이러한 새로운 용어의 확산 자체는 하나의 논쟁점을 보여 주었다. 그것은 세계화가 과연 이전과 다른 새로운 사회 현상을 보여 주는 것인가 하는 쟁점이었다. 그래서 기든스는 세계화 논쟁에서 상당히 대조적인 두 가지 관점이 나타났다는 점을 지적하고 있다(기든스, 1998:68-72). 하나는 세계화가 전적으로 새로운 현상이라기보다는 "오랫동안 지속되어 온 추세의 연장일 뿐"이라는 관점이다. 그리고 다른 하나는 이미 깊숙이 진전되어 온 새로운 현실이라는 관점이다. 전자가 세계화를 국

---

4 'Globalization'이라는 용어가 한국 학계에 처음 소개되었을 때 이 생소한 용어를 번역하기 위해 범세계화, 전세계화, 범지구화, 전지구화, 지구화, 세계화 등 다양한 번역어들이 등장하였다.

제화의 연장선 위에 있다고 보는 관점이라면, 후자는 세계화를 국제화와는 다른 국면에 있다고 보는 관점이다.

구식 사회민주주의를 옹호하는 사람들은 세계화의 새로움을 인정하지 않는 관점을 지지하고 있는데, 이들은 세계화가 신자유주의자들의 발명품에 불과하며 일종의 속임수라고 주장한다. 이들은 국가간, 지역간 무역이 증가해 오기는 했지만 '완전히 세계화된 경제'에 미치지 못한다고 말한다. 자유무역 경제는 예전에도 비슷하게 존재했다는 것이다. 하지만 세계화를 새로운 국면으로 보는 관점을 지지하는 사람들은 예전보다 훨씬 많은 상품들, 훨씬 많은 나라들이 상호간의 무역 편제 속에 포함되어 있다는 사실을 예로 들면서 이러한 주장들을 반박한다. 여기서 특히 중요한 변화는 '세계 금융시장의 역할 확대'이다.

세계 금융시장의 변화는 그동안 다양한 역사적 경험을 통해 쉽게 이해할 수 있다. 한국에서는 1997년 말 외환 위기를 겪었는데, 이것은 김영삼 정권에서 세계화 전략으로 금융시장 개방을 적극적으로 추진한 것이 중요한 원인이 되었다. 미국에서도 2008년 말에 금융위기가 생겨나면서 세계 금융위기로 확산된 바 있다. 이것은 금융시장 수준에서 '완전히 세계화된 경제'

가 작동한 결과라고 할 수 있다. 이처럼 금융시장은 물론 상품 시장까지 세계화가 급속히 진전되고 있는 상황은, 기든스의 주장처럼 '단지 경제적 상호의존에 관한 것일 뿐만 아니라 우리의 생활에서 시간과 공간의 변형에 관한 것'이기도 하다(기든스, 1998:70). 세계 어디에서나 비슷한 음식을 먹거나 비슷한 생활용품을 사용할 수 있게 됨에 따라, 세계 곳곳에서 사람들의 생활양식이 유사한 모습으로 변화를 겪게 될 것이기 때문이다.

세계화에 중대한 영향을 미친 요인들로서 기든스가 금융 시장과 함께 지적하고 있는 것은 '통신 혁명과 정보 기술의 확산'이다. 인터넷 정보통신 기술의 발달은 실시간 거래를 가능하게 하여 세계 금융시장의 통합에 큰 영향을 미쳤고, 이것은 금융 위기의 확산에도 영향을 미쳤다. 그런데 그 영향은 경제적 통합에 한정되지 않고 다양한 사회적, 문화적 변화도 수반하였다. 비록 오늘날과 같은 인터넷 통신 미디어와 비교할 수는 없겠지만, 1989년 동유럽 사회주의권의 해체에는 텔레비전의 확산이 큰 영향을 미쳤다. 초고속 통신망이 점차 세계로 뻗어 나가면서 사람들은 언제 어디서나 서로 연결될 수 있게 되었고, 이것은 각 지역의 제도나 생활양식에도 변화를 낳게 되었던 것이다.

그렇다면 이러한 세계화의 변화 양상들은 국민국가의 경계를 약화시켜 정부를 의미 없는 존재로 만들어 놓은 것일까? 기든스는 이러한 주장에 명백히 반대한다. 세계시장 통합으로 인해 한 나라의 경제정책이 개별 정부가 원하는 대로 결정되거나 원하는 효과를 낳기를 기대하기는 어려워졌다는 점에서 국민국가의 권력이 약화되고 있는 것은 맞지만, 그렇다고 해서 국민국가의 정부가 힘을 모두 잃었다고는 할 수 없다는 것이다. 그래서 기든스는 국민국가와 정부의 형태 또는 기능이 변화하고 있을 뿐이라고 말한다. 국경선은 희미해지고 있지만(물론 이것은 물리적 영토에 관한 얘기가 아니다) 정부의 역할이 사라진 것은 아니며, 오히려 다른 나라들과의 관계, 지방자치단체들과의 관계, 초국가적 조직들과의 관계에 관여하게 되면서 그 권력이 확대되는 면도 있다는 얘기다(기든스, 1998:71-72). 이런 맥락에서 기든스는 세계화를 '자연적인 힘'으로 묘사하는 데에도 반대한다. 국가, 기업 등 다양한 집단들이 세계화를 촉진해 왔으며, 이런 점에서 의도적인 노력의 산물이기도 하다는 것이다(기든스, 1998:72-73).

그런데 세계화를 자연적인 힘으로 볼 수 없다는 점에는 동의 하더라도, 신자유주의를 확산시키고 있는 세계화가 과연 적극적으로 추구해야 할 '선'인지는 여전히 논쟁의 여지가 있다. 이후 제3의 길 논쟁을 다룰 때 좀 더 구체적으로 언급하겠지만, 신자유주의적 세계화에 대한 기든스의 모호한 입장은 제3의 길이 세계 자본주의의 신자유주의적 경향에 대한 좌파적 대응을 포기한 것이 아니냐는 비판을 받게 되는 근거가 되었다. 게다가 세계화가 비록 자연적인 힘이 아니라고 하더라도, 신자유주의를 촉진하는 힘에 비해 신자유주의를 통제하는 힘을 형성하기란 쉽지 않다는 점도 인식하지 않으면 안 될 것이다.

2. 개인주의: 개인과 집단적 책임 사이의 새로운 균형

기든스는 연대solidarity가 사회민주주의의 오랜 주제였다는 점을 언급하면서, 집합주의collectivism를 중요시해 온 사회민주주의자들이 개인주의의 확산에 어떻게 대응할 것인지가 중요해졌다고 강조한다. 마르크스는 사회주의가 성숙해지면 '각자의 자유로운 발전이 만인의 자유로운 발전의 조건이 될 것'이라고 말했지만, 현실 사회주의는 연대와 평등을 위해 국가의 역할을 강조함으로써 개인의 자율성을 억제하는 모습을 보여 주었다. 서유럽 선진국들에서 역시 집합주의에 의존하여 성장해 온 사회민주주의는, 1970년대 후반 이후 신자유주의의 도전과 복지사회의 풍요가 만들어 낸 문화적 다원화의 흐름 속에서 성장해 온 개인주의에 대응하는 것이 새로운 시대적 과제가 되었다(기든스, 1998:74-75).

새로운 개인주의는 20세기 사회변동의 흐름을 반영하고 있는 현상으로서, 사회민주주의가 외면할 수 없는 문제였다. 특히 연대와 집합주의를 개인주의와 대립시키는 것은 더 이상 불가능한 전략이 되었기 때문이다. 개인주의는 시장의 영향력 확대, 자기중심 세대의 등장 등과 어떤 관계에 놓여 있는지, 그리고 개인주의가 공통의 가치나 공공의 관심사를 손상시키게 될 것인지에 대해 질문을 제기했다. 그 가운데, "만약 사회민주주의자들이 과거보다 개인적 자유를 더 많이 강조하게 된다면, 자유와 평등 사이의 관계라는 오래된 문제에 어떻게 대처할 것인가?"라는 점이 특별히 중요한 질문이 되었다(기든스, 1998:76).

물론 좌파와 우파는 '자기우선사회'에 대한 진단이 서로 다르다. 일반적으로 좌파가 시장에서 그 원인을 찾는다면, 우파는 도덕에서 찾는다. 좌파가 보수당의 대처가 내세운 신자유주의 정책들과 개인의 책임을 강조하는 시장의 힘이 개인주의를 부추기며 자기우선사회를 만들었다고 진단한다면, 우파는 1960년대 이후 자유방임적 문화의 확산이 도덕적 쇠퇴를 가져와 자기우선사회가 되었다고 진단한다. 그런데 기든스는 이러한 좌파와 우파의 진단 모두에 대해 동의하지 않는다. 그는 새로운 개인주의가 젊은 세대의 도덕적 쇠퇴의 결과라기보다는 탈물질주의와 같은 새로운 도덕적 가치가 출현한 결과라고 본다. 젊은 세대는 전통의 권위를 거부하지만, 생태적 가치, 인권, 성적 자유와 같은 새로운 탈물질주의 가치를 지지한다(기든스, 1998:76).

제2차 세계대전 이후 베이비붐으로 인구규모가 커진 서유럽의 전후 세대는 대학생이 된 1968년에 기성세대가 주도한 권위주의적 제도 정치와 물질주의적 삶에 저항하는 대규모의 시위를 일으켰는데, 이것은 흔히 '68혁명'이라 불린다. 베트남 전쟁을 비롯해 구 식민지에 대한 제국주의 나라들의 군사·외교적 개입, 냉전과 군비경쟁, 물질주의적 계급 정치 등에 매몰된 관료주의적 제도 정치에 반대하고 또 기성세대가 강요하는 자본주의적 물질주의, 가부장적·권위주의적 문화에 대항하여 급진적인 저항을 분출하였다. 이들은 탈권위주의, 자율성, 평화, 평등, 탈물질주의, 환경보호, 풀뿌리민주주의 등의 가치를 추구하고자 하였다. 이처럼 새로운 개인주의는 이러한 68세대의 등장과 깊이 연관되어 있다.

개인주의에 대한 새로운 진단을 내놓고 있는 학자로는 위험사회와 후기 자본주의 사회의 개인화 문제에 주목해 온 독일 사회학자 울리히 벡Ulich Beck이 있다. 기든스는 벡의 진단에 동의하는데, 그는 새로운 개인주의가 시장 개인주의나 원자화를 의미하기보다는 '제도화된 개인주의'를 의미한다고 본다. 특히 복지국가가 발달하면서 다양한 복지 혜택의 제공이 가족보다는 개인을 단위로 제공되면서 사람들은 개인으로서 자신의 권리를 찾고 자신의 삶을 계획하는 데 익숙해지게 되었다는 것이다. 말하자면 개인화된 복지제도가 교육과 일자리를 위한 개인화된 계획과 이동을 가능하게 하면서 개인주의가 발전하게 되었다는 것이다(기든스, 1998:77). 이것은 물론 자본주의 (노동)시장의 변화로부터 영향을 받지 않은 것은 아니지만, 단지 시장의 영향으로만 환원할 수는 없는, 세계화나 복지제도 등 다양한 제도적 변화의 산물이라고 보아야 한다는 것이다.

기든스는 이러한 벡의 진단에 기초해 제도적 개인주의가 이기주의, 자기우선주의와 동일시될 수 없다고 평가한다. 그러면서도 새로운 개인주의가 사회적 연대에 전혀 영향을 미치지 않는 것은 아니기에, 연대를 형성할 새로운 방안을 마련해야 한다고 주장한다. 그래서 그는 사람들이 스스로 받아들인 새로운 생활방식의 결과에 대해 책임과 상호의무를 다해야 한다고 말한다. 새로운 개인주의는 이처럼 개인에게 더 많은 책임과 새로운 걱정거리를 안기고 있다. 하지만 그것은 동시에 더 많은 긍정적 가능성을 제공하고 있기도 하다. 그래서 기든스는 '개인과 집단적 책임 사이의 새로운 균형'을 찾아야 한다는 점을 강조한다.

3. 좌파와 우파: 좌우를 넘어서는 새로운 급진적 중도

좌파와 우파는 어떻게 구분할 수 있을까? 보수와 진보의 구분처럼 좌파와 우파도 상대적인 성격을 지닌다. 여기서 상대적이라는 것은 서로 대조된다는 말이기도 하고, 역사적 시기에 따라 의미가 달라질 수 있다는 말이기도 하다. 이처럼 그 의미가 시대에 따라 변할 수 있기 때문에, 늘 중도를 주장하는 세력들이나 좌파와 우파의 구분이 의미가 없다거나 사라졌다고 주장하는 세력들이 출현하기 마련이다. 그런데 이러한 문제 제기는 주로 좌파의 주장이 시대착오적이라고 생각하는 사람들에 의해 이루어졌는데, 여기에는 좌파적 관심을 약화하려는 의도가 내포되어 있었다. 그렇다면 '급진적 중도'를 내세우는 기든스는 어떻게 이해해야 할까? 그는 여전히 좌파인가?

기든스는 "정치란 필연적으로 대립적이기 때문에 좌파와 우파 구분이 정치적 사고에 계속 영향력을 끼치고 있다"라는 보비오의 주장을 옹호한다. "정치의 본질은 상반되는 견해와 정책들의 투쟁이다. 좌파와 우파는 동일한 몸통의 양면에서 나온다"라는 것이다(기든스, 1998:80). 이것은 정치를 '적대 세력들 간의 대결'로 규정하는 무페의 시각과 일맥상통한다(무페, 2007). 그런데 현실 정치에서는 늘 상대방의 견해나 정책을 모방하거나 일정하게 수용함으로써 구분을 희미하게 만들어 정치적 지지를 끌어오려는 시도들이 나타나게 되며, 이것은 좌파와 우파의 구분을 모호하게 만든다. 상대 세력이 강력할수록 이러한 시도는 좀 더 적극적으로 이루어지게 된다.

이것은 현실 정치의 역사에서 확인된다. 제2차 세계대전 이후 우파정당들이 살아남기 위한 전략으로 좌파 정책을 채택하면서 복지국가의 기본틀을 수용했다면, 1980년대 초반 이후 신자유주의의 부상과 공산주의의 몰락이라는 상황 속에서 좌파 정당들은 지지를 회복하기 위해 우파의 신자유주의 시장정책을 부분적으로 수용하려고 했다. "토니 블레어가 대처리즘의 관점을 받아들여 그것을 새로운 어떤 것으로 재활용했다는 주장은 그런 견지에서 보면 이해될 만한 것이다. 지금 낡은 범주들이 더 이상 의미가 없다고 주장함으로써 많은 것을 얻어야 하는 쪽은 바로 좌파이다"(기든스, 1998:81).

그런데 좌파와 우파의 구분을 모호하게 하는 정치적 경향들이 나타나고 또 이러한 현실 인식을 받아들인다고 좌파와 우파를 구분하는 어떤 기준도 없다고 말할 수는 없다. 무엇보다도 '평등에 대한 태도'는 누구나 동의하는 좌파의 기준이다. 불평등이 사라지지 않는 한, 평등 또는 불평등의 축소를 추구하는 좌파는 존재할 것이며, 이에 따라 좌파와 우파의 구분 역시 사라지지 않을 것이다. 그런데 오늘날의 현실에서 쟁점이 되는 것은, 전통적 좌파가 제기했던 계급 관계 또는 물질적·경제적 불평등과는 다른 문제들이 출현하면서, 더 이상 전통적 관점에서 좌파를 규정하기도 어려워졌을 뿐만 아니라 대중의 지지를 끌어내어 사회변혁을 추구하기도 어려워졌다는 점이다.

세계화는 좌·우파 간의 전통적인 정치적 대결 지형을 변화시킨 중요한 요인이다. 세계화에 따른 무역의 확대와 국경의 개방이 국익을 침해하고 국민들의 일자리를 빼앗게 되면서 국민의 통합성을 저해한다고 주장하는 극우파가 출현하여 정치적 지지를 넓혀 가기 시작한 것이다. 프랑스의 장-마리 르팽 Jean-Marie Le Pen의 '국민전선'이 대표적이다. 경제적·문화적 보호주의를 내세운 극우파의 주장은 빈곤층이나 하층 노동자들이 이민자들에 대해 반감을 지니도록 하여 좌파의 지지층을 잠식하게 되었다.

한편 서유럽에서는 제2차 세계대전 이후에 민주주의가 정착되면서 계급 갈등이 제도화되었고, 복지국가가 발달하면서 가난과 경제적 불평등을 둘러싼 정치적 대립도 점차 완화되었다. 반면에 물질적 풍요 속에서 성장한 전후 베이비붐 세대가 청년이 되면서 새로운 요구들이 쏟아져 나오기 시작했다. 자본주의의 물질주의, 제도 정치의 관료주의, 기성세대의 권위주의에 맞서 탈물질주의, 풀뿌리민주주의, 탈권위주의, 환경, 반핵, 평화, 인권, 소수자 등의 가치를 확산시키려는 거대한 흐름이 형성되면서 68혁명과 뒤이은 신사회운동new social movements의 확산이 나타났다. 이러한 가치들을 실현하고자 한 녹색당이 출현하면서, 물질적 성장에 기반하여 경제적 배분의 몫을 늘리고자 했던 좌파정당의 전통적인 이념과 정책은 도전을 받기 시작했다. 물질적 성장을 가져다준 과학기술이 새로운 위험성과 불확실성을 초래한다는 점이 드러나면서, 생산력 발전에 기초한 사회주의로의 이행이라는 이념도 점차 지지를 잃게 되었다.

이러한 사실은 기든스가 제3의 길을 '사회민주주의의 쇄신'이라는 의미로 사용하게 되는 중요한 근거가 되었다(기든스, 1998:26). 그는 20세기 말 현재 자본주의를 전복하고 사회주의를 건설하고자 했던 좌파 마르크스주의자들뿐만 아니라 자본주의를 진보적으로 수정하여 자본주의의 중요한 특성을 약화시키고자 했던 사회민주주의자들조차도 자본주의를 대신할 대안을 가지고 있지 못하다고 본다. 그래서 남은 논쟁은 "얼마만큼 그리고 어떤 방법으로 자본주의를 통제하고 규제하는가?"에 관한 것이라고 주장한다(기든스, 1998:85-86).

이처럼 "환경이 변화하면서 좌우파 구도의 범위 속에서는 없었던 문제들과 가능성들이 전면에 대두되었다." 생태적 문제, 그리고 가족, 노동, 개인의 문화적 정체성의 질적 변화와 관련된 쟁점들이 전통적인 사회정의 및 해방의 가치와 공존하면서 서로 엇갈리기도 하게 된 것이다. 이처럼 서로 다른 쟁점들과 관련된 정치를 기든스는 각각 '생활 정치life politics'와 '해방의 정치'로 명명했다. 그러면서 그는 생활 정치에서의 선택과 관련하여 다음과 같이 말한다. "우리는 어떻게 지구 온난화 가설에 대응하여야 하는가? 우리는 원자력을 받아들여야 하는가, 말아야 하는가? 노동은 얼마나 생활의 중심 가치로 남아 있어야 하는가? 우리는 권력의 지방 이양을 찬성해야 하는가? 유럽연합의 장래는 어떠해야 하는가? 이들 중 어느 것도 명확한 좌우파의 쟁점이 아니다"(기든스, 1998:86).

물론 이것들이 전통적인 좌우파의 쟁점은 아니라고 하더라도, 사회정의, 해방, 평등이라는 좌파적 가치 기준에 따라 판단할 여지가 충분하다는 점에서 좌우파의 쟁점이 아니라고 단언하는 것은 타당하지 않을 것이다. 그렇지만 기존의 좌우 이분법으로 명확히 구분하기가 쉽지 않은 것은 사실이다. 현실에서도 서로 다른 가치 기준들이 얽히면서 좌파들 내에서 논란과 갈등이 분출되어 왔다. 그래서 기든스는 이것을 '정치적 중도주의'라는 틀로 포섭하려고 한다. 그는 정치적 중도주의가 단순히 절충이나 두 개의 선명한 대안들 사이의 중간을 의미하는 것으로 이해해서는 안 된다고 강변한다. 좌파와 우파의 경계가 점점 불분명해지는 현실에서는 '적극적 중도active middle' 또는 '급진적 중도radical middle'라는 개념을 진지하게 받아들여야 한다는 것이다. 그리하여 그는 중도-좌파centre-left를 온건 좌파와 동일시하는 데 반대한다. 경제적 이해관계를 넘어선 급진적 정책의 요구에 '중도'라는 이름을 붙이기를 원하는 것이다. 중도는 좌파와 우파의 중간이 아니라 좌파와 우파의 구분을 넘어서는 새로운 가치들과 쟁점들을 보여 주는 기표인 셈이다. 이런 의미에서 그는 "쇄신된 사회민주주의는 중도-좌파이어야 한다"라고 주장한다(기든스, 1998:86-87).

한편, 현실적인 문제를 보면 오늘날 고령 인구가 늘어나면서 연금이나 노인들의 건강 및 질병 관리의 문제가 복지 개혁의 중요한 쟁점으로 떠오르고 있다. 이때, 개혁 추진 방식을 둘러싼 갈등의 주요 요인은 계급이나 계층보다 세대이다. 또, 저출산에 따른 인구감소 문제는 출산과 육아, 여성의 경력단절 등을 둘러싼 성 불평등과 연관되어 있다. 생태적 쟁점 역시 계급·계층 문제와 엇갈리는 양상을 보여 준다. 이것들을 기든스처럼 '중도주의'의 관점에서 바라보는 것이 적절한지는 논쟁거리가 되겠지만, 확실히 전통적인 좌파와 우파의 구분으로는 사고하기 어려운 문제들을 던져 준다는 점은 분명하다. 따라서 좌파와 우파 구분의 혁신, 그리고 사회민주주의의 쇄신이 필요하다는 주장은 설득력이 있다.

4. 정치적 행위(주)체: 새로운 행위주체들과 하부 정치

세계화, 개인주의, 좌파와 우파 등의 딜레마들은 사회가 변동하고 이에 따라 정치 지형도 변화하였음을 암시하고 있다. 그런데 이러한 변화는 자연스럽게 정치적 행위(주)체에 대한 관심으로 이어진다. 변화한 정치 지형에서 궁극적인 이념이나 가치를 실현하려면, 이에 걸맞은 행위체가 형성되지 않으면 안 되기 때문이다. 사회민주주의는 사회주의 운동, 노동운동 등 사회운동을 통한 제도 정치에 대한 도전으로 시작하여 제도 정치로 진입하였다. 그런데 제도 정치로 진입한 이후에는 다시 다른 신사회운동이나 신생 정당들의 도전에 직면하는 처지가 되었고, 사회변동과 정치적 지지구조의 변화 속에서 이제 이념, 가치, 정책의 혁신을 이루어야 하는 상황에 직면하게 되었다.

기든스는 정치가 가치를 상실하고 정부가 힘을 잃어 가는 상황의 근원에는 '신자유주의'가 있음을 강조한다. 신자유주의는 시장의 자유를 극대화하기 위해 정부의 개입이 최소화되어야 한다고 믿기 때문에 국가(정부)의 역할을 확대해 온 혼합경제 체제와 복지국가제도에 대해 비판의 목소리를 높인다. 그래서 '정치의 종언', '국가의 침식'을 부추긴다. 하지만 기든스는 세계화가 진전되고 있는 현실 상황에서도 국가(정부)는 여전히 달성해야 할 목적들이 있음을 강조한다. 다양한 이해관계를 지닌 당사자들을 대표하면서 경쟁적인 요구들을 조정하고 공론장을 창출하는 역할, 공공재를 공급하고 공익에 입각해 시장을 규제하고 또 시장 경쟁을 촉진하는 역할, 폭력 수단을 통제하고 치안을 제공하며 효율적인 법률제도를 유지하는 역할, 인적 자본을 적극적으로 개발하는 역할, 고용자로서 직접적인 경제적 역할, 문명화의 목표를 수행하는 역할, 지역적·초국가적 연합의 추진과 범세계적 목표의 추구 등이 여전히 국가(정부)의 역할로 남아 있다는 것이다(기든스, 1998:90-91).

그렇지만 새로운 가치들, 다양한 목소리들이 분출하고 있는 변화된 현실에서 정부가 시대의 모든 문제를 해결할 수 있는 정치적 행위 주체라고 주장하는 것도 부적절해졌다. 때로는 국가의 경계를 넘어서는 지구적 문제의 해결을 위해 그린피스Greenpeace, 옥스팜Oxfam 등을 비롯한, 국내외에서 활동하는 다양한 비정부기구들NGOs의 역할이 중요해지고 또 필요해지면서, 더 이상 국가(정부)만을 우월적인 정치적 행위 주체로 간주하는 것이 불가능해진 것이다. 사회민주주의자들과 관련해 말한다면, "1980년대에 사회운동이나 다른 단체들은 전통적인 사회민주주의 정치 바깥에서 생겨난 쟁점들 ―이를테면 생태 환경, 동물 권리, 성, 소비자 권리 등― 을 전면에 내세울 수 있었던 반면에, 사회민주주의자들은 자신들이 이에 효과적으로 반응할 수 있는 이념적 틀을 갖고 있지 않음을 알게 되었다"(기든스, 1998:91).

벡은 이처럼 제도 정치 바깥에서 분출된 아래로부터의 정치를 하위 정치sub-politics(하부 정치)라고 불렀다. 기든스는 이것을 '의회로부터 사회의 단일 쟁점을 다루는 집단으로 이동해 가는 정치'라고 규정했는데(기든스, 1998:91), 이것은 다소 협소한 규정이며 차라리 '다양한 쟁점을 둘러싸고 아래로부터 분출되는 풀뿌리 정치'라고 규정하는 편이 나을 것이다. 노동자계급의 이익을 확대하는 데 주목한 계급 정치가 제도 정치 또는 의회정치로 편입되자, 이제 다른 요구들이 제도 정치 바깥에서 적극적으로 분출되기 시작했다. 신사회운동이 대표적인 사례이다. 이러한 흐름은 또한 다양한 영역으로 확산되었는데, 예를 들어 기업에 고용되어있는 노동자들이 아닌 소비자들이, 임금이나 노동조건이 아닌 상품의 생산이나 소비 과정에서 신체적 안전이나 환경을 쟁점으로 벌이는 소비자 운동, 불매운동이 사회적 영향력을 확산해 나가면서 기업들은 이들에 반응을 보이지 않을 수 없게 되었다.

이처럼 노동조합이나 노동운동 단체가 아닌 다양한 시민단체들이 생태적 쟁점을 비롯한 다양한 쟁점들을 제기하기 시작했는데, 시민단체들은 단지 서유럽의 신사회 운동에 국한되지 않고 동유럽의 정치 변화에서도 중요한 주체 세력으로 등장했다. 이러한 변화는 새로운 세대의 성장 속에서 의회정치에 대한 신뢰의 하락을 가져온 반면에, 하위 정치(하부 정치)에 대한 관심의 증대를 가져왔다. 이것은 의회정치뿐만 아니라 전문가의 권위에 대해서도 신뢰나 존중을 철회하는 경향으로 이어졌는데, 이것은 시민들이 스스로 적극적인 정치적 행위 주체로 등장했음을 말해 준다(기든스, 1998:93-94).

하부 정치를 통한 새로운 행위 주체들의 등장은 사실 앞서 언급한 세계화와 개인주의의 확산, 좌파와 우파의 기준 변화, 특히 신세대의 등장 및 신사회 운동의 확산과 밀접히 연관되어 있다. 무엇보다도 녹색주의자들의 도전은 사회민주주의의 대응과 관련하여 중요한 고민거리를 던져 주었다. 기든스는 녹색주의자들이 '생태적 현대화ecological modernization'와 같이 사회민주주의의 기본 방향을 의문시하게 만드는 이념적 질문들을 던지고 있지만 '구좌파적 사고'가 뿌리 깊게 남아 있어서 사회민주주의 정당이 성숙한 대안을 제시하지 못하고 있다고 안타까워한다(기든스, 1998:95-96).

이처럼 하부 정치가 현대 민주주의 사회의 중요한 정치로, 또 시민단체가 새로운 정치적 행위 주체로 부상하였지만, 기든스는 이것이 전통적인 제도 정치나 의회정치, 정부나 정당을 대체할 수 있다고 보지 않으며 탈정치화를 의미하는 것도 아니라는 점을 강조한다. 하부정치의 활성화에도 불구하고 통치는 이루어져야 하며, 특수 이익을 지닌 집단들의 다양한 요구들을 조정하는 일은 여전히 정부의 중요한 기능으로 남아 있다. 다만 국민국가의 경계를 넘어서 내부로는 시민사회와 하부 정치의 요구들, 외부로는 세계 사회의 요구들에 열려 있는 정부로 변화하고 있을 따름이다(기든스, 1998:96-97). 그래서 이제 다양한 정치적 행위 주체들의 등장으로 사회민주주의자들은 정부를 어떻게 재정비할 것인지를 더욱 고민하지 않으면 안 되게 되었다.

5. 생태적 쟁점들: 새로운 위험성에 대한 대응과 모험의 기회

2000년대에 들어와서 지구온난화에 따른 기후변화가 기상이변으로 이어져 각종 자연재해를 낳고 인류의 삶에 점점 더 큰 피해를 입히게 되면서, 생태 문제에 대한 경각심이 더욱 높아졌다. 그런데 독일의 경우를 보면, 1970년대만 하더라도 계급 불평등 문제가 정치적 대결의 중심이어서 생태주의 운동은 사회민주당과도 논쟁을 벌이며 대결할 수밖에 없었다. 환경운동 진영에서는 자본주의적 경제성장이 지구 자원의 소모로 성장의 한계에 직면하게 될 것이며, 환경오염으로 인한 생태 균형의 파괴를 가져올 것이라고 경고하였지만, 그 비판가들은 '경제의 무제한적 성장'이 가능하다며 이러한 경고들에 격렬히 반발하였다(기든스, 1998:99).

이러한 성장주의자들의 주장은 주로 신자유주의 경제 이론에 바탕을 둔 것이었다. 시장을 신뢰하는 신자유주의자들은 천연자원 역시 일반 상품들처럼 시장가격에 따라 수요와 공급이 변동할 것이라고 말한다. 이들은 환경오염이나 지구온난화에 대해서는 큰 문제가 아니라거나 자연의 복원력을 내세우면서 시장 원리를 옹호하는 경향이 있다. 이에 대해 기든스는 "시장의 원리에 의해 다양한 환경문제를 해결하는 것은 가능하다. 그러나 그것이 결코 시장 근본주의를 선택해야 함을 의미하지는 않는다. 환경 위험에 대한 낙천적 태도는 그 자체로 매우 위험스런 전략이다"라고 반박한다. 그리고 사회민주주의 정당들은 이러한 환경 위험을 인정하면서, '지속(존속) 가능한 발전 sustainable development'이나 '생태적 현대화ecological modernization'와 같은 사고를 수용하고 있음을 강조한다(기든스, 1998:100).

환경적으로 '지속 가능한 발전'은 1987년에 노르웨이의 브룬트란트Brundtland 수상을 위원장으로 하는 '세계환경개발위원회WCED'의 보고서, 『우리의 공통의 미래Our Common Future』에서 제안한 것으로, "미래의 세대가 그들의 필요를 충족시킬 능력을 보장하면서 현 세대의 필요를 충족시키는 것"으로 정의했다. 이러한 정의는 너무 단순해서 많은 해석의 여지를 남기는 것이었지만, 하나의 지침으로서 많은 나라들이 지속 가능한 발전 개념을 경제적 사고 안으로 끌어들이고자 하였다. 그런데 1988년 UK의 보수당 정부도 이 원칙을 수용하겠다고 했지만 네덜란드와는 대조적이었는데, 네덜란드 정부는 생태적 기준을 정부의 일상업무에 통합하기 위해 전국적 계획을 수립할 정도였다(기든스, 1998:101).

지속 가능한 발전이라는 사고는 '생태적 현대화' 개념을 통해 좀 더 적극적으로 재구성되었는데, "생태적 현대화는 정부와 업계, 온건한 환경주의자, 그리고 과학자들이 환경적으로 보다 옹호할 만한 입장을 좇아 자본주의 정치 경제를 재구조화하는 데에 협력하는 형식의 동반자적 관계를 의미한다"(기든스, 1998:102/재인용). 기든스는 생태적 현대화가 사회민주주의와 생태적 관심사를 이전보다 더욱 밀접하게 연결시킨다고 본다. 그렇지만 생태적 현대화라는 개념이 생태적 문제가 사회민주주의 사상에 제기하는 몇 가지 주요한 도전을 회피하고 있다고 말한다. "환경 보호가 경제 발전과 잘 들어맞을 것이라고 가정하는 것은 실제로 설득력이 없다. 환경 보호는 때때로 경제 발전과 갈등 관계에 빠져들 수 있다. 게다가 생태적 현대화는 대체로 국가 정책의 문제이지만, 환경 위험은 대개 국경을 뛰어넘게 되며, 어떤 것은 그 범위가 전 세계에 이른다"(기든스, 1998:102-103).

여기서 기든스의 문제제기는 매우 근본적이다. 사회민주주의가 그동안 경제성장에 기초한 복지와 재분배의 확대를 추구해 왔다고 한다면, 이제 경제성장이 환경을 파괴하여 인간을 위험에 빠뜨린다는 점을 인식하고 이에 대응하기 위해 사회민주주의가 의존해 왔던 경제성장 자체를 근본적으로 성찰해야 한다는 것이다. 또한 환경 위험에 대한 사회민주주의의 대응이 일국 단위에 머물러 있는 한, 지구적 환경 위험을 해결하기 위한 방안을 마련하기는 어렵다는 것이다. 그래서 기든스는 과학기술이 만들어 내는 위험들, 그리고 이러한 과학기술에 관한 의사결정을 '전문가들'이 독점하는 현실에 대해 의심하면서, 정치가와 시민의 참여가 필요하다는 점을 역설한다. 광우병, 기후변화 등이 인간에게 어떤 위험을 가져다주는지는 지금까지의 지식과 경험으로 계산할 수 없으며, 전문가들 사이에서도 의견이 일치되지 않는다. 이처럼 이제 과학기술의 불확실성과 이로 인한 새로운 위험성에 어떻게 대처할 것인가가 시민 안전의 새롭고 중요한 쟁점으로 떠올랐으며, 과학기술과 정치가 결코 무관하지 않다는 점이 분명해졌다(기든스, 1998:103-107).

사회민주주의자들은 시민의 안전을 중요한 문제로 여겨 왔으며, 그들에게 복지국가란 이러한 안전을 보장하기 위한 수단이었다. 그래서 기든스는 생태적 문제로부터 위험성에 대해 주의를 기울여야 한다는 교훈을 얻어야 한다고 말한다. 여기서 기든스는 과학기술의 위험에 대해 일면적인 태도를 가지는 것을 경계해야 한다고 역설한다. "위험성은 우리가 당면한 위험에 ―그중 가장 심각한 것은 우리 스스로가 만들어 낸 것인데― 그리고 동시에 위험을 동반하는 기회에 주목하게 한다. 위험성은 회피하거나 최소화해야 하는 단지 부정적 현상만은 아니다. 그것은 또한 전통과 자연으로부터 이탈한 사회에 활력을 불어넣은 근원이기도 하다"(기든스, 1998:107-108).

기든스는 전통과 자연은 변형되기 마련이며, 여기서 미래 지향적인 결정이 이루어질 때 사람들은 그 결과에 대해 책임을 져야 하는데, 누가 그 결과에 대해 책임을 지는지를 둘러싸고 정치적 논란이 있을 수 있다고 본다. 이것은 물론 이 상황에서 누가 어떻게 안전을 제공할 것인지에 대해서도 마찬가지이다. 그는 "기회와 혁신은 위험성의 긍정적 측면이다"라고 말하면서 위험성에 대한 수동적 경험과 위험성 환경에 대한 적극적 탐색 사이에 근본적인 차이가 있음을 강조한다. 일부 위험성은 가능한 한 최소화할 필요가 있는 반면에, 다른 위험성은 긍정적이며 성공적인 시장경제를 위해 피할 수 없는 부분이라는 것이다. 여기서 피할 수 없는 다른 위험성들은 복지국가 개혁, 세계 금융시장에 대한 대처, 기술적 변화에의 대응, 환경문제 및 지정학적 변동과 같은 것이다. "우리는 모두 위험성에 대해 예방할 필요가 있지만, 아울러 생산적인 방식으로 모험할 수 있는 능력 역시 필요하다"(기든스, 1998:109).

원론적으로 보면 위험성이 부정적인 측면과 긍정적 측면

을 동시에 지니고 있다는 기든스의 말이 그럴듯해 보인다. 하지만 스스로 언급했듯이 가능한 한 최소화할 필요가 있는 위험성들을 가려내고 이에 대한 적극적인 해결책을 모색하는 것이 위험 사회를 극복하기 위해 시급한 과제이다. 기든스의 주장들은 벡이 『위험사회*Risk Society: Towards a New Modernity*』(1992)에서 제시한 위험의 다양한 양상들을 고려한 듯한데, 여기서 벡은 생태적 위험, 과학기술적 위험에 대해서 과학기술주의, 전문가주의에 맞서는 시민들의 적극적인 참여와 대응(하부 정치)을 통한 위험의 근원적 예방과 해결을 강조하고 있다. 이에 비해 기든스는 위험의 양면성을 강조함으로써 위험 인식을 모호하게 만드는 측면이 있다.

6. 다섯 가지 딜레마에 맞서는 사회민주주의: 제3의 길 정치

사회민주주의가 직면한 다섯 가지 딜레마를 넘어서기 위해 기든스가 제안하는 것은 바로 '제3의 길 정치'이다. 이것은 '세계화', '개인 생활의 변화', '자연과의 관계' 속에서 시민들이 길을 개척하는 것을 돕기 위한 것이다. 여기서 사회민주주의자들은 양쪽으로 치우친 주장들과 논쟁하면서 자신의 길을 찾아 나가야 한다.

세계화에 대해서 사회민주주의자들은 극우파와 극좌파 양쪽과 논쟁해야 한다. 극우파는 세계화를 국민 통합과 전통적 가치에 대한 위협으로 보면서 경제적·문화적 보호주의를 내세운다. 반면에 극좌파는 시장의 사회적·문화적 파괴력에 주목하면서 신자유주의 세계 시장경제와 자유무역에 반대한다. 이들에 대해 기든스는 보호주의로 이기적이고 적대적인 경제 블록의 세계를 만드는 것도 바람직하지 않고, 세계화를 자유무역의 맹목적 인정과 동일시하는 것도 바람직하지 않다고 반박한다. 그는 자유무역이 경제 발전의 엔진이 될 수 있는데, 다만 그 파괴적 결과에 대해서 면밀히 검토할 필요가 있음을 강조한다(기든스, 1998:110-111).

개인 생활에 대해서는 자유와 평등의 관계, 개인주의와 집합주의의 관계에 대한 폭넓은 사고, 새로운 사고가 필요하며, 이때 사회정의에 대한 핵심적 사항을 보존하는 것이 중요하다. 기든스는 "평등과 개인의 자유는 충돌할 수 있다. 그러나 평등주의적 조치들은 종종 개인에게 열린 자유의 범위를 확대한다"

라고 말한다. 그리고 자유에 대해서도 권리뿐만 아니라 책임과 의무도 함께 고려해야 함을 강조한다. "제3의 길 정치는 집합주의를 버리고, 개인과 공동체 사이의 새로운 관계, 즉 권리와 의무에 대한 재규정을 모색한다"(기든스, 1998:111). 말하자면 공동체에 대한 책임 없이 개인의 권리만 주장할 수는 없다는 것이다. 구식 사회민주주의가 집합주의를 추구하면서 권리를 무조건적 요구로 취급하는 경향이 있었다면, 개인주의가 팽창하고 있는 시대에는 개인의 의무 확대를 받아들여야 한다. 예를 들면 실업수당을 받으려면 적극적으로 일자리를 찾는 의무를 다 해야 하는 것이다(기든스, 1998:111-112).

전통적 권위에 대해서도 성찰적 태도가 필요하다. 우파는 국가, 정부, 가족 제도 등 어디에서나 권위를 정당화하는 수단으로서 전통적 상징들에 의존하며, 전통에 대한 순종이 없다면 권위가 무너지며 옳고 그름을 구분할 능력을 잃게 된다고 주장한다. 하지만 사회민주주의자들은 "민주주의 없이 어떤 권위도 없다"라는 원칙에 따라 이에 반대해야 한다. "전통과 관습이 영향력을 잃어가고 있는 사회에서 권위를 확립하는 유일한 길은, 민주주의를 통한 길이다." 이런 시각에서 보면, 사회민주주의자들은 새로운 개인주의의 확산을 전통의 파괴로 보려는 우파의 주장에 맞서 오히려 능동적 참여에 기반을 두는 새로운 권위의 형성을 추구해야 한다(기든스, 1998:112).

세계화, 과학기술의 변화, 자연세계와 인간의 관계 등의 문제들은 그동안 '해방의 정치' 틀에 직접적으로 관련되어 있지 않았다. 이들과 관련된 질문들은 '사회정의'에 관한 것들이라기보다는 생활 방식에 관한 것들인데, 전통과 관습의 쇠퇴 이후의 삶, 사회적 연대의 재창조, 생태 문제에 대한 대응 등이 그것들이다. 여기서 기든스는 '범세계적 가치들'과 '철학적 보수주의'를 강조한다(기든스, 1998:113). 여기서 철학적 보수주의는 변화에 대응하는 데 있어서 실용주의적 태도를 취하고, 과학기술이 지니는 양면적 결과에 대하여 과거의 역사적 경험을 존중하면서, 환경 위험이 생길 수 있는 영역에서 예방의 원리를 채택하는 태도를 말한다. 이것은 급속한 변화가 인간과 자연환경에 가져다줄 불안과 위험을 최소화하려는 신중한 태도이다(기든스, 1998:113-114).

여기서 기든스는 범세계적 가치로서 생태 문제에 주목하는데, 이와 관련하여 사회민주주의자들이 현대화를 어떻게 이해할 것인지를 성찰해야 한다고 강조한다. 생태 위기 시대에 현대화는 무엇보다도 생태 위기에 대응하는 것이어야 하는데, 이에 대해서는 앞서 언급했던 생태적 현대화가 하나의 답이 된다. 나아가 고전적 사회민주주의로부터 벗어나 사회민주주의 자체를 현대화하는 것도 하나의 답이다. 그런데 기든스가 보기에는, 폭넓은 의제로서 현대화 전략은 사회민주주의자들이 현대화 개념을 좀 더 세련되게 이해할 때 제대로 효과를 발휘할 수 있다. 생태적으로 민감한 현대화는 현대화 과정에서의 문제점과 한계를 인식하는 것이면서, 과학기술 혁신의 예측 불가능성에 적극적으로 대응하는 일이기도 하다(기든스, 1998:113-114).

한편 기든스는 현대화와 반대되는 것으로 보이는 '철학적 보수주의'도 강조하는데, 철학적 보수주의는 위험성과 책임성이 서로 혼합되는 세계에서 생활에 대처하기 위해 현대화라는 수단을 사용해야 한다고 본다. 그리고 그 목표는 다음과 같은 것들이다. "변화에 대응하는 데 있어서 실용주의적 태도, 과학기술이 우리에게 가져다주는 양면적인 결과를 인식하는 상태에서 그것을 바라보는 미묘한 견해차, 과거와 역사에 대한 경외심, 그리고 환경 영역에서 현실적으로 가능한 경우 예방의 원리의 채택이다." 이것들은 현대화의 의제와 양립하면서 또한 그것을 전제로 한다(기든스, 1998:114). 예를 들면, 일상생활에 광범위하게 영향을 미치는 과학기술은 더 이상 민주주의의 외부에 두어서는 안 되며, 가족생활의 지속성을 보호할 필요가 있다고 해서 전통적 가족의 복원을 시도해서도 안 된다. 말하자면 철학적 보수주의는 민주화에 관한 의제를 현대화하는 것을 전제로 한다는 것이다(기든스, 1998:114-115).

세계화, 개인주의, 좌파와 우파, 정치적 행위 주체, 생태적 문제들 등 다섯 가지 딜레마가 복잡하게 얽혀 있는 현실에서 사회민주주의자들은 제3의 길 정치를 통해 돌파구를 찾지 않으면 안 된다. 여기서 기든스가 제시하는 '제3의 길 가치들'은 '평등', '약자 보호', '자율성으로서의 자유', '책임 없이 권리 없다', '민주주의 없이 권위 없다', '범세계적 다원주의', '철학적 보수주의' 등이다. 그렇다면 이러한 가치들을 실현하기 위한 제3의 길 정치의 구체적인 전략은 어떻게 마련해야 할 것인가? 기든스는 이제 구체적인 프로그램과 전략을 제시하기 위해 '시민사회-국가(사회투자 국가)-세계 사회'라는 틀에서 각각의 층위/영역과 이들 간의 관계에 주목한다.

제5장
제3의 길 정치의 프로그램과 전략

기든스는 제3의 길 정치를 통합 정치 프로그램으로 제시하고자 하는데, 그 근본 방향은 "국가와 정부의 개혁은 민주주의를 심화시키고 확장시키는 과정이어야 한다"라는 것이다. 여기서 정부는 공동체의 복원과 발전을 촉진시켜야 하는데, 이를 위해서는 시민사회의 행위 주체들과 동반자로서 활동해야 한다. 그리고 이러한 활동의 경제적 기반은 '신혼합경제new mixed economy'이다(기든스, 1998:119). 혼합경제는 시장경제의 요소와 계획경제의 요소가 함께 결합되어 있는 경제를 말한다. 대공황 이전의 자유시장 경제가 가져다준 혼란에 직면하여, 거시경제의 관리를 위해 정부의 시장개입이 불가피하다는 점이 인정되면서 등장한 것이 바로 혼합경제라고 할 수 있다. 그렇다면 신혼합경제는 무엇일까? 왜 '신new'이라는 수식어가 붙은 것일까?

역사적으로 보면 대공황 이후 등장한 혼합경제 정책은 '국가주도의 시장 관리'와 '국가복지의 확대'를 지향하면서 국가개입의 강화로 나아갔는데, 이에 대해 우파세력들이 반발하면서 국가복지의 축소와 시장자유 확대, 즉 신자유주의로의 전환을 주장하게 되었다. 그리고 복지재정을 확대한 좌파정권이 1970년대 세계경제위기 속에서 재정 위기를 겪게 되자, 이에 대한 시민들의 불만으로 1979년 말 UK에서는 보수당 대처가 집권하면서 신자유주의 정책이 대폭 확대되었다. 이런 맥락에서 '신혼합경제'는 다시 신자유주의 시장경제에 대응하여 시장의 공공성을 확대하고자 하는 새로운 '국가개입경제'를 의미한다고 할 수 있다. 여기서 기든스는 이러한 신혼합경제가 효과적으로 작동하려면 복지제도가 완벽하게 현대화되어야 한다고 말한다. 앞에서 기든스가 민주주의 사회에서 권리와 의무/책임이 균형을 이루어야 함을 강조한 바 있는데, 복지제도의 현대화란 복지의 권리를 누리기 위해 요구되는 의무를 다하는 것, 즉 '적극적 복지'로의 개혁을 의미한다고 하겠다(기든스, 1998:119).

또한 제3의 길 정치는 하나의 국민을 위한 정치, 즉 사회통합을 추구하는 정치이다. 이때 국민(민족)은 세계주의적 국민이 되어야 하며, 이것은 초국가적 관할(거버넌스) 체제를 촉진시킬 것이다.

기든스는 지금까지 현실의 변화로 인해 겪고 있는 딜레마들 속에서 사회민주주의가 추구해야 할 제3의 길을 다양하게 제시하였는데, 이제 이러한 프로그램을 10가지 항목으로 종합하여 제시한다. 그것들은 급진적 중도, 새로운 민주국가(적이 없는 국가), 활발한 시민사회, 민주적 가족, 신혼합경제, 통합으로서의 평등, 적극적 복지, 세계주의적 민족(국민), 세계적 민주주의 등이다. 이러한 제3의 길 프로그램에 관한 구체적인 논의는 먼저 국가와 시민사회의 관계에서 시작된다. 그리고 그 중심에는 민주주의가 있다.

1. 국가와 시민사회: 이중의 민주주의

1) 제3의 길 프로그램과 민주주의의 민주화

자본주의 시장경제의 불평등을 둘러싼 계급 갈등을 제도화하면서 형성된 계급 정치에서, 통치기구로서의 국가 또는 정부는 늘 좌파와 우파 간 논쟁의 중심에 있었다. 노동자계급을 대변하고자 한 좌파가 사회민주주의의 입장에서 복지국가의 확대를 주장한다면, 자본가계급을 대변하고자 한 우파는 신자유주의의 입장에서 시장의 자유 확대를 주장한다. "신자유주의자들은 국가의 축소를 원했지만, 역사적으로 사회민주주의자들은 국가를 확장시키고 싶어 했다"(기든스, 1998:121).

민주주의 사회에서 국가는 민주주의의 원리를 실현하기 위한 기구가 되어야 한다. 그런데 민주주의의 원리, 구체적으로 시민자격citizenship의 법적 규정이 다양한 요소들을 포함하고 있기에, 어떤 요소를 얼마나 강조하느냐에 따라 국가의 활동 내용은 달라질 수밖에 없다. 민주주의 사회의 헌법을 보면, 대체로 '개인의 자유 보장'과 '공익을 위한 개인의 자유 제한'이라는 내용이 공존하고 있다. 그래서 우파들은 개인의 자율성과 사적 권리의 보호를 강조하는 반면에, 좌파들은 개인의 공적 책임과 공공성을 강조하는 경향이 있다. 시민대중은 현실적인 정치적, 정책적 경합 과정에서 자신들의 이익이나 가치에 따라 정치적 선택을 할 것이며, 이러한 선택이 집권당을 결정하게 된다.

그런데 기든스는 이렇게 서로 경쟁하는 정당들은 과거와 같은 적대적 경쟁자들이 아니라고 본다. 그래서 그는 전쟁이 끝나고 자유민주주의와 복지국가가 발달하면서 국가는 뚜렷한 적을 가지지 않게 되었으며(적이 사라진 국가), 지금 민주주의의 위기는 민주주의가 충분히 민주적이지 못했기 때문에 발생했다고 말한다. 그래서 기든스는 국가 민주주의의 발전 또는 민주주의의 민주화를 위해 다음과 같은 항목들을 제시한다. ① 국가는 탈중앙화를 포함하여 세계화에 구조적으로 대응해야 한다. ② 국가는 공공 영역의 역할을 확장시켜야 한다. ③ 적이 존재하지 않는 국가는, 정당성을 유지하거나 회복하기 위해서 정부의 행정 효율을 높여야 한다. "사회민주주의자들은 국가 제도가 시장 질서의 부재 때문에 나태해지고, 제공하는 서비스의 질이 조잡해진다는 비판에 반응을 나타내야 한다." ④ 세계화의 하향 압력은 전통적인 투표 과정 이외의 민주주의 형태 —지방 수준의 직접민주주의, 전자 국민투표, 시민 배심 등— 에 대한 가능성뿐만 아니라 필요성까지 불러온다. ⑤ 적이 없는 국가는 정당성을 인정받기 위해서 이전보다 훨씬 더 국가의 위험성 관리 능력에 의존하게 된다. ⑥ 상향적 민주화는 지방 수준에서 멈춰서는 안 되고, 국가는 세계주의적인 전망을 지녀야 한다. 하향적 민주화는 차후에 더욱 두드러질 시민사회의 부흥이 전제되어야 한다(기든스, 1998:121-130).

2) 시민사회의 쇄신과 공동체의 회복

그런데 민주주의의 발전은 국가의 민주화만으로 달성될 수 없다. 시민사회가 육성되지 않으면 민주주의도 쇠퇴할 수 있기 때문이다. 기든스는 현대사회에서 시민의식 쇠퇴의 징후들을 제시하는데, 농촌 공동체와 인근 도시지역 간의 연대의식 약화, 높은 범죄율, 이혼과 가족의 해체가 그것들이다. 그래서 그는 시민사회가 쇄신될 뿐 아니라 또 국가와 시민사회가 서로 동반자 관계를 이루어야 한다고 강조한다. 정부는 시민문화를 고양시키는 역할을 해야 하며, 시민사회는 시민들의 자율성과 함께 성찰성을 키워 나가면서 공공성을 보호하면서 공동체를 쇄신해 나가야 한다는 것이다(기든스, 1998:131-139).

범죄는 공동체의 보호와 관련되어 있다. 그리고 공동체의 유지는 일상적인 공중도덕을 지킴으로써 가능하다. 이러한 공중도덕의 쇠퇴는 범죄율을 높인다. 범죄 및 일탈 이론 중 '사회유대 이론'에 따르면, 부모, 교사, 친구 등 사회에 대한 개인의 유대 형성이 강할수록 개인은 사회규범이나 법에 순응하는 경향이 있다(정태석 외, 2014:497). 사회유대의 형성은 개인이 일상적 공중도덕을 지키도록 만든다. 그런데 이러한 공동체적 유대가 약화되어 공중도덕이 쇠퇴하고 이로 인해 사회통제력이 약화되면 범죄가 늘어날 수 있다. 기든스는 이러한 상황에서 경찰의 역할은 범죄를 소탕하기 위해 통제하고 소송하는 데 있는 것이 아니라 교육, 설득, 상담을 통해 시민과 밀접하게 소통하는 것이라고 말한다. 치안 유지와 공동체의 재통합이 병행될 수 있도록 해야 한다는 것이다(기든스, 1998:140-143).

3) 민주적인 가족

가족은 시민사회의 기초가 되는 제도인데, 오늘날 가족은 급격한 변화에 처해 있다. 이혼율이 증가하면서 한부모 가정의 비율과 미혼부모 자녀들의 비율이 꾸준히 증가하고 있다. 이러한 가족 형태의 변화는 남녀평등의식이 확대되면서 여성들의 노동 참여가 늘어나고, 성적sexual 행동 양식에 변화가 나타나고, 가정과 직장 사이의 관계도 변화하는 등의 양상들로부터 영향을 받은 결과이다.

이처럼 전통적 가족의 해체에 대해 가족의 위기라고 말하는 사람들 가운데 전통적 가족이나 가치의 회복을 주장하는 경우들이 있는데, 기든스는 이러한 주장이 과거 회귀적이라며 분명하게 반대 의견을 제시한다. 벡 역시 이런 의견을 함께하는데, 전통적 가족으로의 복귀는 결국 여성에 대한 가정 폭력, 아동 학대, 이혼 억제, 동성결혼 불법화 등을 지지하는 것이기 때문이다(벡·벡-게른샤임, 1999). 그래서 기든스는 "우리는 사람들이 결혼하지 않고도 함께 행복하게 살 수 있다는 것, 동성애자들도 이성애자들처럼 적절하게 자녀를 양육시킬 수 있고, 적당한 자원만 주어진다면 편부모도 부부처럼 만족스럽게 자녀를 키울 수 있음을 받아들여야 한다"라는 사회민주주의 좌파들과 일부 자유주의자들의 견해를 지지한다(기든스, 1998:146).

기든스는 남성 우월의 전통적 가족으로의 복귀는 해결책이 될 수 없으며, 남녀평등의 원리, 민주주의의 원리를 지향해야한다고 단호하게 주장한다. 그리하여 정서적·성적 평등, 관계에서 상호 권리와 책임, 공동 양육, 평생 양육 계약, 아이들에대한 타협적 권위, 부모에 대한 아이들의 책무, 사회적으로 통합된 가족 등을 민주적 가족의 원칙으로 제시한다. 물론 이것은 반드시 가족이나 결혼 관계의 틀 안에서만 작동하는 것이아니라, 결혼 외부에서 또는 결혼 여부와 무관하게 작동해야만 하는 것이다. 또한 '사회적으로 통합된 가족'은 가족이 내적인 유대를 넘어서 외적인, 시민적 유대를 형성해 나가는 것을말하는데, 이것은 가족 관계가 사회생활이라는 더 넓은 구조의일부라는 인식에 기초하는 것이다(기든스, 1998:150-153).

2. 사회투자 국가: '사후 재분배'에서 '사전 잠재력 개발'로

1) 제3의 길 정치와 국가

20세기 초 자본주의 사회의 계급 정치 속에서 "성장이냐, 분배냐?"라는 문제가 첨예한 정치적 논쟁점이 되었을 때, 고전적 사회민주주의는 자본주의의 성장 추구에 맞서 분배를 지향했다. 이것은 전통적인 사회주의 가치인 평등을 지향하는 것으로서, 정책으로는 보편적 복지의 확대를 통한 부의 재분배를 추구하는 것이었다. 그런데 자본주의 사회에서 재분배는 기업들로부터 세금을 더 많이 거두어들여서 복지재정을 확충할 때 가능한 것이다. 말하자면 기업들의 이윤추구 활동을 추동하여 성장을 돕지 않으면, 복지를 위한 재정을 확보하기 어려워지는 것이다.

사실 20세기 초중반 유럽 선진국들에서 복지국가의 발달은 국가-자본-노동 3자 간의 조합주의적corporatist 타협을 통해 가능했는데, 이때 사회민주주의 정당들은 경제성장에 기초한 재분배에 동의할 수밖에 없었다. 그럼에도 불구하고 우파 정치세력들과 기업들은 시장 규제를 완화하고 노동자들의 권리를 제한함으로써 시장에서의 기업활동의 자유를 확대할 것을 끊임없이 요구했다. 이들은 이른바 신자유주의 논리를 내세워, 복지국가가 자유로운 경제활동과 부의 생산을 제약한다고 주장하였다. 1970년대 경제위기는 신자유주의의 주장에 힘을 실어주는 계기가 되었고, 이에 따라 UK에서는 1979년 총선거에서 보수당이 승리하여 대처가 총리로 집권하는 결과를 낳았다. 그리고 이어진 보수당의 장기집권은 사회민주주의자 기든스가 제3의 길을 통해 신자유주의에 대한 새로운 대응 방식을 모색하지 않을 수 없도록 하였다.

그리하여 기든스는 신자유주의가 중요시하는 경쟁력과 부의 산출을 무시하는 태도를 바꿀 필요가 있다는 점을 강조하게 되었다. 그는 제3의 길 정치에서 "정부는 기업 문화를 발전시키는 데 필요한 인적 자원과 기반 시설에 대한 투자에서 근본적인 역할을 수행해야 한다"라고 말했다(기든스, 1998:157). 국가 영역과 민간 영역 사이, 또는 국가복지와 시장 사이에서 적절한 균형을 추구하면서 결합상승 효과를 만들어 내야 한다는 것인데, 이를 위해서는 공익을 고려하면서 시장의 역동성을 이용할 필요가 있다는 것이다. 물론 이러한 역동성의 추구로 인해 생겨날 수 있는 위험에 대해서는 국가의 보호가 필요하다(기든스, 1998:158).

시장의 역동성을 적극적으로 이용한다고 해서 이것이 불평등을 확대하도록 내버려 두어도 괜찮다는 말은 아니다. 그래서 재분배는 여전히 중요한 사회민주주의의 가치이다. 그런데 여기서 강조점을 변경해야 한다. 그것은 '가능성의 재분배'이다.

"인간의 잠재력 개발이 '일이 일어난 후의 재분배'를 가능한 한 대체해야만 한다"(기든스, 1998:159). 말하자면 '사전 잠재력 배양'이 '사후 재분배'에 우선하도록 해야 한다는 것이다.

2) 평등에서 포용으로

기든스는 오늘날 기회의 균등 또는 능력지배가 평등의 유일한 모델이 되어 버렸다고 비판한다. 이것은 신자유주의 모델인데, "철저한 능력지배 사회는 결과적으로 심각한 불평등을 만들어 내고, 이것은 사회 결속을 위협할 것이다"(기든스, 1998:160). 신자유주의 모델은 시장경쟁 논리를 절대화하는 모델인데, 시장을 공정한 경쟁의 장이자 개인의 능력을 자유롭게 발휘할 수 있는 장으로 그리고 있다. 그래서 시장에서의 능력에 따른 보상을 당연하고 공정한 것으로 여긴다.

그런데 마르크스가 자본주의 시장경제를 분석하며 보여 주었듯이 시장에서 자본들 사이의 경쟁은 독점 강화로 나아간다. 그리고 이렇게 독점 구조가 형성되면 독점 자본과 중소 자본 사이에는 빈익빈 부익부 현상이 심화한다. 이러한 현상은 노동 시장에서도 비슷하게 나타나는데, "다른 사람보다 단지 근소하게 더 나은 재능을 가진 사람이 다른 사람보다 훨씬 더 많은 보수를 받는다"(기든스, 1998:160). 예술, 예능, 스포츠 등 재능에 따른 서열화가 이루어지는 영역에서는 약간의 능력 격차가 큰 보수 격차로 이어지는 경향이 강하다. 또 대기업 입사 시험에서 미미한 점수 차이가 당락을 결정하게 되지만, 취업에 따른 급여소득의 격차는 점차 커지게 된다. 이런 현상들은 '승자독식'이라 할 수 있다. 이처럼 능력지배 사회는 현실에서 불균등한 보상이라는 불공정을 만들어 내며, 결과적으로 불평등한 사회가 된다. 또한 이렇게 형성한 부가 특권이 되고, 또 이 특권이 자녀에게 세습되면 능력지배는 더 이상 공정성을 지니기 어렵게 된다(기든스, 1998:161).

기든스는 능력지배(능력주의) 원칙들이 평등을 구현하기 어렵게 된 현실에서, 새로운 정치는 평등을 포용inclusion으로 규정할 필요가 있다고 말한다. 이때 포용은 시민자격citizenship으로서, 사회구성원이면 누구나 실질적으로 가져야 할 정치적 권리와 의무이다. 그리고 이러한 권리와 의무를 이루는 핵심 요소는 바로 노동과 교육이다(기든스, 1998:162).

기든스는 포용과 배제를 대비시키면서, 현대사회의 배제가 두 가지 형태로 나타난다는 점을 지적한다. 하나가 저변층을 배제하는 것이라면, 다른 하나는 상층 사람들이 자발적으로 배제하는 것이다. 전자가 소수민족, 빈민, 실업자들을 배제하는 것이라면, 후자는 부유층이 공공제도로부터 이탈하는 것, 즉 '엘리트의 반란'을 의미한다. 그런데 이러한 두 배제는 공공 영역 또는 공통의 유대를 위협한다는 점에서 극복되어야 할 문제이며, "엘리트들의 자발적 배제를 제한하는 것은 하층에서 좀 더 포용적인 사회를 만드는 데 중요하다"(기든스, 1998:164-165).

엘리트들이나 부유층이 자발적 배제, 즉 공공제도로부터의 이탈에 나서는 것은, 불평등이 심화하고 있는 현실과 연관되어 있다. 미국, 뉴질랜드, UK 등 몇몇 선진국에서는 인구의 상위 1%가 나라 전체 소득의 50% 이상을 차지하고 있다거나, 노동자의 최고 소득과 최저 소득 간의 격차가 점차 확대되고 있다거나 하는 현상들이 나타나는 등, 높은 수준의 불평등을 보여 주고 있는데, 이들 나라는 신자유주의 정부를 오랫동안 경험했다.

신자유주의는 '자유주의'라는 말로 인해 오해되기 쉬운데, 이것은 '경제 자유주의'와 '정치 자유주의'가 지니는 서로 상충하는 의미로 인한 것이다. 이들은 각각 '시장 자유주의'와 '시민 자유주의'로 바꿔 쓸 수도 있는데, 시장 자유주의가 경제활동에서의 사적 자유 보호를 추구하는 것이라면, 시민 자유주의는 시민사회에서의 공적 자유를 보호할 것을 요구한다. 그런데 경제활동의 자유 보호를 중요시하는 신자유주의는 경제적 불평등을 심화하고 이에 따라 부유층의 공적 제도 이탈이 쉽게 일어날 수 있는 조건을 만들어 낸다.

따라서 이러한 이탈을 막으려면 신자유주의에 맞서 불평등을 감소시켜야 하는데, 이를 위해서는 한편으로는 복지국가의 근본적 개혁 속에서 복지 지출 수준을 유지하는 것이 필요하며, 다른 한편으로는 시민 자유주의를 통해 공적 영역을 회복하여 포용적 사회를 만들어 나가야 한다(기든스, 1998:166-167). 포용적 사회는 사회적 연대를 강화함으로써 가능한데, "공공 교육의 질적 개선, 재원 조달이 제대로 되는 의료 서비스의 유지, 안전한 공공 편익시설의 증진, 범죄율 통제 등"은 이를 위한 중요한 제도적, 정책적 방안들이다. "대부분의 국민들에게 이익을 주는 복지제도만이 시민들의 일반적인 도덕성을 고양할 것이다"(기든스, 1998:167). 이것은 보편적 복지제도가 연대의 효과를 극대화할 수 있음을 말해 준다. 각계각층의 사람들의 필요에 부응하는 의료 혜택의 제공이나 환경오염을 감소시키는 생태 환경적 전략은 보편적 이익을 제공하게 되는데, 이러한 보편적 복지나 이익의 제공은 상층이나 중간계급이 과도한 격차와 불평등에 기반하여 자발적 배제로 나가는 것을 방지하는 데기여한다(기든스, 1998:168).

이처럼 보편적 복지는 연대를 강화하는 중요한 제도적 장치라고 할 수 있지만, 사후적 재분배라는 점에서 한계를 지닌다. 기든스는 하층에서의 배제를 넘어서기 위해서는 빈곤의 순환고리를 깨는 전략이 필요하며, 교육과 훈련이 그 방안임을 강조한다. 이것은 토니 블레어 정부의 역점 사업이었다. "진보된교육기술과 기술훈련은 대부분의 산업국가에서, 특히 빈곤 계층과 관련되어 있는 한 명백히 필요하다. … 교육에 대한 투자는 오늘날 정부의 필수 사업이고, '가능성의 재분배'를 위한 핵심 기반이다"(기든스, 1998:169). 물론 교육이 그 자체로 경제적 불평등을 반영하고 있는 것이어서, 곧바로 불평등을 감소시킬 것을 기대하기는 어렵다. 하지만 빈곤층이 배제되지 않도록 하려면 이들을 노동력에 편입시키는 일이 필요하다. "노동은 다양한 이익을 가져다준다. 그것은 개인의 소득을 창출하고, 일상의 안정감과 목표 의식을 제공하며, 전체 사회의 부를 창조한다"(기든스, 1998:170).

여기서 기든스는 노동이 중요하기는 하지만 노동 윤리의 지배가 지나친 사회는 매력적이지 않다고 말한다. 그래서 포용은 노동의 범주를 넘어서 확대되어야 한다고 주장한다. 포용적인 사회는 노동시장에 참여할 수 없는 사람들, 노동을 할 수 없는 사람들의 기본적인 생활수단을 제공해야 한다. 그래서 복지와 노동 사이, 사후 재분배와 사전 잠재력 배양 사이에서 적절한 균형을 유지하는 것이 중요하다. "개인이 노동을 하도록 강제하기 위해 혜택을 줄이는 것은 이미 포화 상태인 저임금 노동시장으로 그들을 몰아넣는 것과 같다"(기든스, 1998:170). 기든스는 또한 빈곤계층 구제 프로그램이 공동체에 초점을 맞추며 민주적인 참여를 더 많이 허용하는 방식으로 나아가야 한다고 주장한다. 빈곤과 싸우기 위해서는 경제적 자원의 투입이 필요한데, 이것은 지방 주도 사업을 지원하는 방식으로 적용되어 공동체 건설을 도와야 한다. "공동체 건설은 저소득층 거주 지역의 경제적 재생을 꾀하는 수단으로서 지원 연줄망, 자조, 그리고 사회자본의 형성 등을 강조한다"(기든스, 1998:170).

3) 적극적 복지사회

20세기 초 유럽의 복지국가 발달은 정치적으로 사회민주주의의 영향력 확산과 밀접히 연관되어 있었다. 그래서 사회민주주의와 복지국가는 동일시되는 경향이 있었다. 하지만 역사적으로 복지국가의 모델이 된 것은 독일 비스마르크 정부의 사회보험제도였는데, 이것은 자유시장경제뿐만 아니라 사회주의에 대해서도 경계하려는 정치 전략의 산물이었다. 그래서 우파 정당들도 노동자의 경영 참여와 계급 타협을 강조하면서 사회주의에 맞서려고 하였다. 여기서 독일을 비롯한 몇몇 나라에서의 복지국가의 특징은 정책 당국자들이 복지정책을 실행에 옮기기 위해 늘 제3부문의 집단이나 단체로 이루어진 복잡한 조직을 이용해 왔다는 점이다. 이것은 노동조합을 비롯한 비영리 조직들을 사회서비스의 주요 공급 체계로 활용함을 말한다. 이러한 모델은 교회, 가족, 친구들을 사회적 연대의 주요 요소로 삼는 유럽 가톨릭 전통과 일맥상통하는데, 이러한 전통은 우파가 위에서 아래로 내려오는 혜택 배분에 의존하는 복지국가의 비민주성을 비판하는 근거가 되었다(기든스, 1998:171-173).

이러한 맥락에서 기든스는 복지국가 역사에서의 문제점들을 인정하면서, 복지제도가 관료적, 비효율적이고 소외를 유발하며, 개인의 자유에 대해 충분한 공간을 제공하지 않는다는 우파의 비판을 수용해야 한다고 주장한다. 그래서 "제3의 길 정치는 이러한 문제를 복지국가의 소멸을 알리는 신호로서가 아니라, 복지국가를 재건해야 할 이유로 인식한다"(기든스, 1998:173).

1970년대까지 복지재정은 꾸준히 증가해 왔는데, 이것은 세계 경제위기 시기에 UK에서 복지국가에 대한 신자유주의의 비판을 확산시켜 보수당이 집권하도록 하는 데 영향을 미쳤다. 이에 따라 당장 복지재정의 삭감이 이루어졌지만 장기적으로 복지 지출이 늘어나는 부분도 생겨났다. 이것은 사회구조적 변화로 인한 것이었는데, 높은 실업률, 직업을 가진 빈곤층의 증가, 인구학적 패턴의 변화, 특히 한부모 가정의 증가와 노년층의 증가 등과 같은 것들이었다. 이러한 구조적 변화는 복지제도 전체에 영향을 미쳐 문제점을 야기했는데, 높은 조세수준에 기반하여 국가가 적극적 노동시장 정책을 펼쳤던 스칸디나비아 나라들에서는 복지국가에 의한 여성 고용이 늘어나면서 대부분의 다른 공업 국가에 비해 고용에서의 성별 분절 Segregation이 심화되기도 했다(기든스, 1998:174-175).

또 다른 문제는 사회보장 지출의 대규모 증가로 복지에 의존하는 사람들이 늘어난다는 것이었다. 이것은 흔히 도덕적 해이라고 불리는데, 실업보험이 노동시장으로부터의 피난처로 사용되면 실업을 양산할 수 있다는 문제였다. 여기에는 보험의 보장 수준이 높아질수록 도덕적 해이의 가능성이 커지는 딜레마가 존재한다(기든스, 1998:175).

복지제도는 한번 고정이 되면, 그 혜택에 대한 기대 역시 고정이 되고 혜택을 받는 집단들은 이익집단이 되어 제도의 개혁에 맞서는 경향이 생겨난다. 고착된 이해관계가 개혁을 제약하게 되는 것이다. 그런데 복지국가가 위험의 공동 부담을 지향하는 것이라면, 새로운 형태의 위험이 생겨날 때 이에 따른 개혁이 필요해진다. 기술적 변화, 사회적 배제나 결손가정의 지속적 증가 등이 나타날 때 이에 대해 어떻게 보호할 것인지 그 방안을 제시하지 않으면 안 된다. 즉, 보호되는 위험은 필요에 부합하지 않고, 적합하지 않은 집단들은 보호받는 딜레마를 해결해야 한다는 것이다(기든스, 1998:176-177).

여기서 기든스의 해결 방안은 좀 다른 것인데, 그것은 과거와 같이 새로운 위험에 따른 보호를 강화하는 것이기보다는 위험의 긍정적 측면을 적극적으로 활용하여 개인이 혜택을 포기하고 직업이나 일자리를 적극적으로 찾아 나서도록 고취하려는 것이다. "경제적 부양비를 직접 제공하기보다는 되도록 '인적 자본'에 투자하라는 것이다." 그리하여 기든스는 복지국가 대신에 적극적 복지 사회의 맥락에서 작동하는 '사회투자 국가 social investment state'를 건설할 것을 주장한다. 혜택의 하향식 배분은 지방적 차원에서의 분배로 바꾸고, 나아가 복지 제공의 개선이 시민사회의 적극적, 능동적 발전을 위한 프로그램과 통합되어야 한다는 것이다(기든스, 1998:177-178). 이것은 복지국가가 시민사회 제3부문의 역할과 적극적으로 결합하고, 나아가 시민들의 적극적 노동 참여를 끌어내는 방향으로 개혁되어야 함을 말한다. 이것이 바로 복지국가에서 복지사회로의 전환을 얘기하는 핵심적 근거이다.

4) 사회투자 전략

사회투자 국가전략은 시장 대 국가, 신자유주의 대 복지국가라는 이분법적 양자택일의 논리에서 벗어날 것을 요구한다. 이를 위해서는 복지국가의 원칙이 사회보험제도를 통한 '사후 재분배'에서 '사전 분배'로, 즉 인적 자본 개발을 위한 국가 투자와 노동 참여의식의 고취를 통한 노동소득 보장으로 전환되어야 한다. 이것은 노동시장에서 '소극적 시장 관리'로부터 '적극적 시장개입'으로의 전환을 의미한다.

기든스는 고령화가 진행되는 현실에서 연금제도의 개혁이 불가피하다는 점을 강조한다. 평균수명이 짧았던 시대의 정년과 노령 규정을 고령화 시대에 그대로 유지하는 것은 적절치 않으며, 따라서 고정된 정년퇴직 연령을 폐지하는 방향으로 나아가야 한다고 주장한다. 또한 고령의 연금 생활자가 무능력자로 여겨지지 않도록 고령 인구를 자원으로 인식할 것을 주장한다. 나아가 연금을 정년퇴직 연령 이후로 한정하지 않고 노동시간 단축이나 일시 퇴직으로 소득이 줄어들거나 양육비 등이 필요할 때 사용할 수 있도록 유연하게 운영할 필요가 있다고 주장한다. "노동과 공동체에 대한 노인 참여의 증가는 노인들을 젊은 세대와 직접적으로 연결시키는 역할을 할 것이다"(기든스, 1998:181-182).

실업 문제에서도 사고의 전환이 필요하다. 신자유주의자들은 강한 규제가 기업의 고용 확대를 어렵게 한다고 주장하지만, 높은 실업률이 노동시장의 경직성 때문이라고 단정할 수는 없다. 후한 실업 급여나 실업자들의 저학력도 실업률을 높이는 원인이 된다. 후한 실업 급여가 실업자가 적극적인 구직활동에 나서지 않도록 하는 요인이 된다면, 실업자들의 저학력은 더 좋은 일자리에 취업하는 기회를 제약하는 요인이 된다. 따라서 제3의 길 입장은 신자유주의자들처럼 전면적인 탈규제가 올바른 해결책이라는 주장에 동의하지 않는다. 반면에 복지지출이 가능한 한 인적 자원에 대한 투자로 전환되어야 함을 주장한다. 도덕적 해이를 줄이면서, 개인들이 좀 더 능동적으로 위험을 수용하는 태도를 지니도록 촉진하는 방안들이 필요하다는 것이다(기든스, 1998:183-184).

기든스는 "직업 창출과 노동의 미래를 위한 전략은 새로운 경제적 위급성에 대한 방향 설정에 기초할 필요가 있다"라고 말한다. 그것은 세계적으로 유통이 이루어지는 현실과 관련된다(기든스, 1998:185). 상품의 생산지와 관계 없이 세계 곳곳의 소비자들이 최상의 재화나 서비스를 구매할 수 있게 된 현실은, 기업만이 아니라 노동자들에게도 더 높은 기준에 맞추도록 하는 압력으로 작용한다. "'소비자가 사실상 노동력을 구매할 수 있

는' 세계에서, 기업가 정신에 따른 새로운 사고 없이는 경쟁력
이 결여된다"(기든스, 1998:186). 소비자들의 선택이 기업과 사업
의 흥망성쇠를 좌우할 수 있는 세상에서 기업의 경쟁력 향상을
위해서는 기술혁신을 적극적으로 추구하는 기업가가 필요한
것이다. 그래서 기든스는 인적 자원으로서 기업가 정신을 강조
한다. 중소기업 창업이나 기술혁신과 관련된 '기업가 주도성'에
대한 정부 지원을 강조하며, 기업가 정신이 기술 발전의 추진
력이 되고 또 직업을 전환하려는 사람들에게 자영업 기회를 제
공한다는 점에 주목한다(기든스, 1998:185-186).

정부는 어린 나이에 시작하여 일생 동안 지속할 수 있는 평
생교육 프로그램 개발에도 나서야 한다. "직업을 바꾸는 데 특
별한 기술 훈련이 많이 필요하기는 하지만, 더 중요한 것은 상
황을 인식하고 정서적으로 받아들이는 능력을 개발하는 것이
다"(기든스, 1998:186). 평생 직업이나 직업 안정성을 중시했던 과
거와 달리 직업의 변화가 잦은 오늘날, 특정 직업 기술을 배우
는 것 못지 않게 직업 변화의 상황을 이해하고 정서적으로 수
용하는 능력이 중요하다는 것이다. 또한 정부는 공공사업에 사
기업을 참여시키며 기업의 번영을 도울 수 있고, 교육의 공통

기준을 마련하여 기업들이 표준 입사 자격을 설정하도록 조율할 필요도 있다(기든스, 1998:186-187). 또한 정부는 고용과 가사를 조화시키는 가족 친화적 작업장 정책을 촉진할 필요도 있다. 아동 보육, 재택근무, 안식년제 등 가족 친화적 작업환경을 만드는 것은 인적 자원을 키우는 데 도움을 주기 때문이다(기든스, 1998:187).

그렇다면 이렇게 해서 세계화된 자본주의 현실에서 미래에 충분한 일자리가 창출될 수 있을까? 정부에 의한 노동시간 제한을 통한 적극적인 일자리 재분배는 가능할까? 기든스는 크게 기대하지는 않는다. 물론 일부 기업에서는 이미 일자리 재분배가 일어나고 있고, 노동시간 단축으로 노동생산성 상승이 나타나고 있다. 그래서 그는 시민문화 부활의 맥락에서 사회적 경제의 성장에 기대를 걸고 있다. 벡이 말했듯이, "점점 더 많은 사람이 의미 있는 직업과 함께 직업 외에 다른 부문에 헌신할 기회를 모두 추구하고 있다. 만일 사회가 이런 헌신적 정신을 드높이고 보상하여, 수익이 있는 일자리를 제공한다면, 그것은 개인적 정체성과 사회적 결속을 둘 다 만들어 낼 수 있다"라는 것이다(기든스, 1998:189). 이것은 일자리 창출을 기업에만 의존해서는 안 되며, 시민사회가 적극적인 역할을 할 수 있도록 정부가 적극적으로 지원할 것을 주장하는 것이다.

"급진적으로 개혁된 복지국가, 즉 적극적 복지사회에서 사회투자 국가는 어떤 것인가?" 적극적 복지 사회에서는 "개인적 책임 확장의 매개물인 사아의 발전과 자율성이 주된 초점"이 되는데, "적극적 복지는 베버리지가 제기한 각각의 소극적 요소들을 적극적인 것으로 대체할 것이다. 궁핍 대신에 자율성을, 질병이 아니라 활력넘치는 건강을, 무지 대신에 생활의 지속적인 일부로서의 교육을, 불결보다는 안녕을, 그리고 나태 대신에 진취성이 그것들이다"(기든스, 1998:189).

물론 사회투자 국가의 이와 같은 기대들이 얼마나 실현될 수 있을지는 미지수이다. 하지만 사후 재분배 중심의 소극적 복지에 치중하는 전통적 복지국가가 해결책이 될 수는 없다. 그렇다고 해서 신자유주의자들의 주장처럼 모든 것을 시장에 맡겨서도 안 된다. 그래서 기든스는 사전 분배 중심의 적극적 복지로서 인적 자원 개발을 위한 국가 투자와 같은 복지개혁을 주장한다. 이것은 '국가 중심' 대 '시장 중심'이라는 이분법에서 벗어나 시장의 소극적 관리가 아닌 적극적 개입으로서 인적 자원

개발을 위한 국가의 역할을 강조한다. 일자리 창출과 직업 교육에 국가(정부)가 적극적으로 투자함으로써 개인의 능동성과 기업의 창의성을 적극적으로 끌어내는 것이 바로 복지국가의 급진적 개혁의 현실적 방향이라는 것이다.

3. 세계화 시대: 세계주의적 국민과 지구적 거버넌스를 향해

자본주의는 시장경제의 특성으로 처음부터 세계로 확장하는 경향을 지니고 있었다. 그리고 교통 통신의 발달은 이러한 경향을 더욱 심화하였다. 세계가 인터넷으로 연결되어 있고 자본주의적 시장 통합이 확대되어 있는 오늘날 세계와 국민국가의 관계 또는 국민국가들 사이의 관계를 어떻게 정립할 것인지가 중요한 쟁점이 되고 있다. 그리하여 이제 국민nation(민족)[5]의 역

5　nation은 흔히 민족으로 번역되는데, 이 경우에 혈연적, 문화적 종족의 의미가 부각되는 경향이 있다. 그런데 유럽에서 국민국가(nation-state)가 형성되는 과정에 주목해 보면, nation은 국민국가에 참여하거나 소속된 구성원이라는 점에서 국민으로 번역하는 것이 적절하다. 물론 국민은 하나의 종족으로 구성될 수도 있지만, 현실적으로 다양한 종족들로 구성되기 때문이다.

할을 새롭게 고민하지 않으면 안 된다.

1) 세계주의적 국민과 문화 다원주의

"사회민주주의자들은 세계화 시대에서 국민의 새로운 역할을 모색해야 한다." 자본주의적 시장 통합은 화폐 관계로서는 세계를 통합하고 있을지 모르지만, 나라들과 집단들 간의 분열을 가져다줄 수 있다. 국민은 정체성과 명확한 소속감을 통해 통합과 안정감을 가져다줄 수 있지만, 이 역시 세계화된 사회에서 새로운 분열의 힘이 될 수 있다(기든스, 1998:194).

국민국가와 국민주의nationalism는 통합과 분열이라는 양자의 계기를 지니고 있다. "국민은 시민자격citizenship이라는 통합적 메커니즘을 제공한다. 그러나 전쟁을 불러일으킬 수 있으며, 실제로 국민주의자들의 열망이 지난 한 세기 반 동안 수많은 파괴적 갈등을 불러일으켰던 것이다." 기든스는 국민주의의 이러한 분열적 속성을 제어하기 위해 국민에 대한 세계주의적 해석을 제시하려고 한다. 이것은 주권의 새로운 한계를 수용할 것을 요구한다(기든스, 1998:194).

기든스는 오늘날 국민국가들의 국경borders은 다른 지역들과의 교류와 초국가적 조직들에의 관여로 인하여 변경frontiers이 되고 있다고 본다. 말하자면 '경계의 유연화'가 일어나고 있다는 것이다. 이것은 국민 정체성의 개방을 요구하는데, 이중성 또는 다중적 소속에 대한 관용, 즉 다양한 다른 정체성에 대한 인정과 수용이 필요하다는 것이다. 그렇지 않으면 '외국인에 대해 혐오적인 국민주의'로 나아가게 된다. 이것은 국민의 혈연적 독립성과 우월성을 내세우고 있지만, 현실의 국민은 '혼혈 국민mongrel nations'이다. 국민은 모두 다양한 문화적 부분 집단들로부터 형성된 것이다(기든스, 1998:196).

정치철학자 데이비드 밀러David Miller에 따르면, 좌파들은 국민과 국민주의에 대해 다음 두 견해를 널리 받아들이고 있었는데, 하나가 국민주의가 감정이나 정서의 문제로서 합리적 내용이 결여되어 있다는 견해라면, 다른 하나는 국민주의가 기본적으로 좌파의 가치에 적대적인 정치적 우파의 신조라는 견해이다. 기든스는 이러한 좌파들의 견해를 반박하는 밀러에 동의하면서, 국민주의가 전혀 단순하지 않으며, 국민 정체성이 개인 정체성의 중요한 원천이 됨을 강조한다. 개인들이 국민(민족)을 정체성의 요소로 경험하는 것은 단지 감정에 기초한 환상으로 치부하기는 어려운 일이며, 오히려 그들의 정체성을 위협하는 세력에 대항하여 그들의 정체성을 보호하려는 것이다. 이런 점에서 기든스는 국민을 서로에게 의무를 지는 '윤리 공동체'로 보면서, 시민들이 자기 결정을 할 수 있는 국가 구조를 발전시켜야 한다고 주장한다(기든스, 1998:196-197).

기든스는 운명 공동체로서의 국민이 역사적으로 확장되는 과정에서 문화 다원주의와 현대 문화의 변환성을 받아들여야 한다고 강조한다. 국민 개념이 종족적·문화적 다원주의와 공존할 수 있는 길을 모색해야 한다는 것이다.

보수주의적 국민주의가 국민 공동체의 의미를 '통합된 국민'의 신성함, 완고함, 배타성, 적에 대한 경계 등에서 찾고자 한다면, 자유지상주의자들과 일부 좌파의 급진적 다문화주의는 광범한 연대를 위해 문화 다원주의를 포용해야 한다는 입장이다. 이들은 "국민 정체성은 다른 문화적 주장들에 대해 어떤 우월성도 가지지 않는다"라고 보면서, 국민 정체성이 기원이 불분명하며 지배 집단의 이익에 이용된다는 점을 강조한다(기든스, 1998:198).

그런데 여기서 문화 다원주의와 국민 공동체의 관계를 어떻게 보고 있는지가 논란이 된다. 다문화주의 정치는 억압받는 집단들에 대한 착취에 반대하면서 국민 공동체에 대해 부정적인 시선을 보여 준다. 그런데 특정 집단에 대한 착취의 반대는 "광범위한 국민 공동체의 지원이나, 혹은 어떤 특정한 집단들의 요구나 불평을 넘어선 사회적 정의감이 없다면 성취될 수 없다." 말하자면 다수의 집단이 공정 의식을 가질 때 착취에 대한 반대가 지지를 받을 수 있으며, 이들이 모두 동일한 공동체에 속한다는 정체성을 가질 때 공정 의식이 강해질 수 있다(기든스, 1998:200). 국민 정체성 또는 소속감이 있어야 공동체에서 공정 의식이 강하게 형성될 수 있으며, 이를 통해 특정 집단에 대한 억압과 착취에 반대하는 힘이 강화될 수 있다는 것이다.

물론 현실에서는 두 가지 경향이 서로 경합하고 있다. 한편으로는 종족적 부족주의와 지역적 분할 등으로 국민 정체성이 약화하면서 파편화가 이루어지는 경향이며, 다른 편으로는 종족적, 지역적 통일과 연합이 이루어지는 경향이다. 세계주의적 국민은 후자의 경향에서 나타나는 적극적인 국민이다. 이것은 다른 국민(국가)들에 대한 적대감을 통해 형성되었던 과거의 국민과는 다른 의미를 지녀야 한다. 국경이 불분명해지고, 지방 자율성에 대한 요구가 커지고 있고, 또 종족, 종교 등 다양한 정체성들이 교차하며 공존하는 환경에서 국민 정체성이 유지되려면 과거와 다른 방식으로 재구성되지 않으면 안 된다.

기든스는 자신이 속한 UK의 현실에 기반하여 잉글랜드, 스코틀랜드, 웨일즈, 북아일랜드 간의 관계에 대해 말하면서 각각의 왕국(국민)이 독립을 주장할 수 있다고 본다. UK 내에는 많은 종족 및 소수 집단들이 존재하는데, 이러한 이질성이 포괄적인 국민 정체성을 재형성하려는 시도를 좌절시킬 수 있다는 점을 염려하는 것이다. 하지만 그에게 "이질성 그 자체가 장벽은 아니다. 오히려 그것은 세계주의적 국민이라는 의미의 일부이고 단위"라고 본다(기든스, 1998:202).

유럽 국가들이 과거에 비해 훨씬 더 이질적인 인구를 지닌 이민 국가가 되어 가고 있다는 사실은 이질성에 대한 관점을 바꾸도록 한다. 미국이 처음부터 이민 사회였다면, UK, 프랑스, 독일 등도 점차 이민 사회로 변모해 가고 있다. 기든스는 이민에 대한 인종주의적 반대는 별로 설득력이 없다고 말한다. "이민 온 사람들은 번영하길 원하고, 그렇게 함으로써 소비자가 되며, 직장을 빼앗기보다는 창출한다. 반감 혹은 증오를 유발하는 바로 그 문화적 차이들이 그 사회 전체를 활성화하는 경향이 있다"(기든스, 1998:202).

국경이 개방되고 이민이나 망명자들, 난민들의 유입이 늘어나고 있는 세계화 질서 속에서 세계주의적 관점은 다문화 사회의 필요조건이다. "세계주의적 국민주의는 그런 질서와 병존할 수 있는 유일한 형태의 국민 정체성이다." 이런 맥락에서 기든스는 다문화주의의 수용을 거부하며 혈통주의에 입각하여 시민자격citizenship을 부여해 온 독일이, 세계주의적 정체성을 개척하기 위해 시민법과 문화를 변화시켜야 한다고 주장했다(기든스, 1998:203). 『제3의 길』이 쓰여진 1998년까지만 하더라도 독일의 국적법은 혈통주의(속인주의)를 유지하고 있었다. 그런데 독일은 2000년에 법률을 개정하면서 혈통주의를 보완하는 출생권 제도를 도입하였고, 복수국적 소지를 원칙적으로 허용하였다. 기든스의 기대가 실현되었던 것이다.

이것은 국민 정체성의 변화를 보여 준다. "세계화는 국제화와 동일하지 않다는 점이 강조되어야 한다. 세계화는 국민(국가)들 사이의 더욱 긴밀해진 유대에만 관련된 것이 아니라, 국민의 경계를 넘어서는 세계적 시민사회의 등장과 같은 과정에도 관련된다." 세계화는 국가 주권의 성격을 근본적으로 바꾸어 놓았으며, 이제 과거와 같은 현실주의적 국민(국가) 개념에서 벗어나 '세계주의적 국민'으로의 전환을 적극적으로 추구하지 않을 수 없게 된 것이다(기든스, 1998:204).

2) 세계적 민주주의와 거버넌스

"세계주의적 국민은 세계적 규모로 작동하는 세계적 민주주의를 의미한다"(기든스, 1998:205). 물론 국민국가의 수준을 넘어선 민주주의는 이상적이며 현실적으로 많은 난제를 안고 있는 것이 현실이다. 그렇지만 국민국가 민주주의와 국제 관계를 분리하여 보려는 시각은 더 이상 적절하지 않다. 또한 세계가 세계적 거버넌스로 나아가기보다는 양극체제의 붕괴로 무질서를 창출했다는 시각도 있다. 하지만 미국-소련 양극 시대에 이미 핵전쟁을 방지하는 것이 가장 중요한 외교적 목표가 되어 거대 규모의 전쟁은 불가능해졌으며, 소련의 해체 이후 두 개의 군사화된 권력 블록으로의 분할도 해체되었다. 그래서 기든스는 "정보화 시대에, 영토는 과거의 국민국가에서처럼 그렇게 중요하지 않다. 지식과 경쟁력이 자연 자원보다 중요하다. 그리고 주권은 점점 모호해지거나 다중적이 되었다. 민주주의는 점점 확대되었다. 민주주의 국가들은 결코 서로간에 전쟁을 하지 않는다는 생각에는 진실이 존재한다"라고 말한다(기든스, 1998: 206-207).

물론 지식과 경쟁력이 자연 자원보다 중요하다는 기든스의 말은 전적으로 수긍하기 어렵다. 여전히 자연 자원의 소유와 개발을 둘러싼 국가 간 경쟁은 치열하며, 이런 점에서 영토는 여전히 중요한 자원이다. 그래서 자원이 풍부한 영토를 지배하려는 욕구와 갈등은 21세기에도 지속되고 있다. 다만 경제적 상호연관 또는 상호의존이 커지면서 군사적 갈등은 경제적 제제와 같은 비군사적 압력으로 전환되는 경향이 강해지고 있다. 그래서 이러한 다양한 국가 간 갈등을 조정하면서 국가 간 타협과 협력을 끌어내기 위한 세계적 거버넌스가 확대되어 왔다.

기든스는 국가 간의 상호연관이 강화되어 연계의 필요성이 커지면서 국제적 정부조직이나 초국가적 비정부조직들NGOs이 크게 증가해 왔다는 점에 주목하면서, 세계적 거버넌스와 세계적 시민사회의 존재를 강조하고 있다. 그는 아래로부터 등장하는 몇 가지 세계주의를 제시한다. 그린피스나 국제사면위원회는 인류 전체의 공공선을 추구하는 비정부조직들이다. 유럽연합EU, 북미자유무역협정NAFTA, 아프리카단결기구OAU, 동남아시아국가연합ASEAN, 아랍국가연맹LAS, 카리브공동체CARICOM, 남미공동시장MERCOSUR 등은 지역적 거버넌스로서 과거에 분열과 갈등을 겪었던 국가들이 사회적·경제적으로 협력하는 예이다. 그리고 국가 간의 협약에 따라 기능하는 국가 간 결사로서 유엔UN을 비롯하여, 세계무역기구WHO, 관세 및 무역에 관한 일반협정GATT, 국제통화기금IMF, 세계은행World Bank 등 국가 간 조직들이 있다(기든스, 1998:207-208).

이러한 세계주의의 다양한 흐름들은 세계적 거버넌스와 세계적 민주주의의 가능성을 보여 주고 있다. 유럽연합은 양극체제의 일부분으로 출발하였지만, 오늘날 세계화에 대한 대응양상을 보여 준다. 국민국가를 넘어서는 사회적·정치적, 그리고 경제적 제도를 발전시키고 있으며, 국가들의 지역적 결사를 훨씬 넘어선 국가 간 협력을 보여 주고 있다(기든스, 1998:210). 물론 유럽연합이 유럽 시민들의 삶에 점점 더 중요한 영향을 미치는 동시에 대중적 지지를 잃기도 한다. 유럽연합의 민주성이 결여되어 있고, 또 일반인들의 관심사에서 멀리 떨어져 있기 때문이다. 그러나 기든스는 다음과 같이 말한다. "세계화의 관점에서, 그리고 시민들의 일상적인 관심사에 더욱더 반응하도록 만든다면, 유럽연합은 경제적인 역할만큼이나 정치적인 역할에서도 중요하다. 왜냐하면, 이런 측면에서 그것은 세계의 다른 지역보다도 앞서 있기 때문이다"(기든스, 1998:211).

유럽연합의 민주주의 발달을 위해서는 유럽의회의 민주화가 중요한데, 이를 위해서는 유럽의회의 권력이 초국가적 정당조직과 연결되도록 하는 것이 중요하다. 유럽의회의 선거를 별로 중요하다고 여기지 않으면 사람들이 소속 국가들에서의 선거에서 투표하지 않을 것이기 때문이다. 게다가 동유럽과 중유럽의 나라들이 유럽연합에 참여할 것으로 예정되어 있는데, 유럽연합 국가들의 평균 국내총생산의 1/3 이하인 이들 나라가 자유민주주의와 시장경제를 도입하려고 애쓰고 있지만, 정치적 수준과 경제적 수준에서 모두 문제에 직면하고 있는 현실은 유럽연합의 미래를 불확실하게 만들고 있다. 하지만 기든스는 유럽연합의 이러한 확대가 재구성 과정을 가속화하여 유럽연합에 도움을 줄 수 있다고 말한다. "동유럽과 중유럽 사회의 통합이 유럽연합 제도를 민주화하고 재형성하는 데에 자극제가 될 수 있다"라는 것이다. 물론 유럽연합의 확대가 성공하려면 복잡하고 어려운 쟁점들에 따른 의심과 불안에 잘 대처해야 할 것이다(기든스, 1998:212-213).

기든스의 『제3의 길』이 출판된 1998년을 기준으로 보면, 유럽연합은 서유럽과 북유럽의 15개국으로 구성되어 있었고, 1999년에 유로존을 설치하여 부분적으로 화폐 통합을 이루었으며, 이후 중유럽과 동유럽 나라들의 가입으로 회원국이 28개국으로 확대되었다. 그리고 2020년에 UK가 처음으로 탈퇴하면서 현재 27개국이 회원국으로 남아있다. 유럽연합의 확대와 민주주의의 발전을 기대했던 기든스의 나라인 UK가 유럽연합을 탈퇴했다는 사실은 역설적이다. 이것은 세계주의적 국민과 세계적 민주주의의 발전이 각국의 이해관계에 따라 제동이 걸리거나 위기에 빠질 수 있음 보여 준다. 특히 최근으로 오면서 회원국들 사이에 존재하는 유로 통화정책이나 난민 정책 등에서의 이견들, 경제 수준의 격차 등은 유럽연합 제도의 민주적 재구성이 결코 쉬운 과제가 아니라는 점을 말해 준다.

그렇다면 이처럼 유럽연합의 민주주의 자체가 발전에 어려움을 겪고 있는 현실에서, 유럽연합의 공식 기구들과 같은 것들을 세계적 거버넌스 체계 내에 만들어 세계적 민주주의를 발전시키는 것이 얼마나 가능할까? 현재 상황을 본다면, 기든스의 기대처럼 의회와 이사회로 나누어진 민주적인 세계적 조직이 조만간 재구성되기를 기대하기는 쉽지 않아 보인다. 그렇지만 기든스의 기대처럼 국제형사법원은 2002년에 설립되어 국제적으로 중대한 범죄에 대한 소추와 처벌을 시행하고 있다. 이것은 세계적 상호연관이 확대되고 세계적 협력의 필요성이 증대함에 따라 세계적 거버넌스와 민주주의에 대한 논의가 발전할 가능성을 보여 준다. 최근 기후변화에 대한 대응에서 세계적 협력이 강화되고 있는 것은 그 긍정적인 가능성을 보여 주는 것이라 하겠다.

세계적 민주주의의 확장을 위해 무엇보다도 경계해야 하는 것은 시장근본주의이다. 세계적으로 통합된 자유시장을 지향하는 세계적 자유방임주의는 새로운 기술경쟁과 무제한의 자유무역이 초래하는 비용의 부담을 노동자들에게 지우려고 한다. 또한 이것은 생태계의 균형을 위협하는 활동들을 제어하는 수단을 가지고 있지 못하다. "세계적 민주주의의 확장은 세계 경제를 효과적으로 조절하고, 세계적 경제 불평등을 해소하며,

생태적 위험성을 통제하기 위한 조건이다. 국지적 수준에서는 시장근본주의와 경쟁하지만 세계적 수준에서는 시장근본주의가 군림하도록 내버려 둔다는 것은 사리에 맞지 않는다"(기든스, 1998:216-217).

기든스는 투기자본을 통제하기 위해 세계경제의 금융시장을 규제하는 정책들을 도입할 필요가 있다고 주장한다. "통화의 과도한 회전과 남발을 진정시키고 통제하는 것, 단기적 통화 투기와 투자를 분리하는 것, 그리고 세계경제 관리에 관여하는 초국가적 조직을 재편할 뿐만 아니라, 그 조직에 대한 책임성을 강화하는 것이다"(기든스, 1998:219). 또한 환투기를 막기 위해서는 환율의 안정성을 강화하는 것이 필요한데, 이를 위해 기든스는 토빈세Tobin tax[6]를 도입하거나 유엔에 경제안보이사회

---

6   노벨 경제학상을 수상한 미국 예일대학교 교수인 제임스 토빈(James Tobin)이 1978년에 주장한 지구적 정책이다. 단기성 외환거래에 세금을 부과하여, 막대한 수익을 올리고 있는 투기성 국제자본의 급격한 유출입을 제한함으로써, 각국의 통화가 급등락하는 통화위기를 막고자 하는 규제방안으로 제안되었다. 그런데 일부 국가에서만 시행할 경우, 국제자본이 토빈세가 없는 나라들로 이동함으로써 효과가 떨어지는 문제점이 제기되었다.

를 설립할 것을 제안한다(기든스, 1998:221-222). "통화 시장 관리
와 생태적 위험성에 대한 대응을 포함하여, 여러 국가들과 집
단들의 집단적 행위 없이는 해결될 수 없는 많은 쟁점들이 존
재한다. 심지어 가장 자유주의적인 국민 경제조차 거시경제적
조정 없이는 작동할 수 없다"(기든스, 1998:223). 생태적 위험성에
대한 세계적 대응은 가난한 나라들의 경제성장을 향한 압력을
도외시하기 어렵다. 또한 미래의 기술 변화가 어떤 위험을 가
져다줄 것인지 예측하기도 쉽지 않다. 세계적 해결책을 요구하
는 어려운 문제들을 혼란스러운 세계시장과 상대적으로 무력
한 국제기구에 맡겨 놓을 수는 없다. 이것이 바로 세계적 거버
넌스와 민주주의의 발전을 추구해야 하는 근본적인 이유이다.

제6장
제3의 길 논쟁에서 배운다

    UK 노동당은 1997년 총선에서 보수당에 승리하며 집권하였다. 기든스는 제3의 길을 노동당의 이념적 뿌리인 사회민주주의를 혁신하는 새로운 이념적, 정책적 방향으로 제시함으로써 선거 승리에 기여하였으며, 그 내용을 체계화하여 1998년에『제3의 길』을 출간하였다. 그런데 선거에서 승리한 '신 노동당' 블레어 총리의 국정 계획에 대해서는 공허하다는 비판들이 제기되었다. 선거 승리가 미국에서 개발된 대중매체 기법을 활용한 전문적 선거운동의 결과였다는 평이 많았기 때문이었다. 그래서 기든스는 "대체로 신 노동당은 대중매체 위주의 정치에 의존하고, '디자이너 사회주의'를 창출하고 있는 것으로 보인다"라고 평가하면서, "만약 새로운 노동당이 제공해야 했던 것이 온통 대중 매체를 통한 재치에 불과하다면, 노동당은 정치 무대에서 단명할 수밖에 없으며 사회민주주의 부흥에 제한적으로만 공헌하게 될 것이다"라고 말했다. 그러면서도 그는 이렇게 되지 않기를 소망하면서, 실질적인 의제와 실천 계획을 만들어 가기 위한 중도좌파들 사이의 사회민주주의 논쟁이 광범위하게 펼쳐져야 한다는 견해를 피력하였다(기든스, 1998:226).

1. 제3의 길에 대한 좌파의 비판과 기든스의 대응

제3의 길에 대한 비판의 포문은 역시 좌파들에게서 먼저 열렸다. 『제3의 길』이 출간되자 에른스트 홉스봄Eric John Ernest Hobsbawm을 비롯한 좌파들은 곧바로 제3의 길을 비판하는 글들을 *Marxism today: special issue of Oct-Dec*(1998)에 특집으로 실었다. 그리고 2001년에는 알렉스 캘리니코스Alex Callinicos가 『제3의 길은 없다*Against the Third Way*』라는 책을 출간했다. 그 핵심은 사회투자국가, 적극적 복지, 일하는 복지 등 복지국가 개혁 정책들과, 자유무역, 탈규제, 국영기업의 사유화 등 시장친화적인 정책들은 결국 신자유주의와 세계화에 굴복하는 것이라는 얘기이다. 신노동당의 뿌리깊은 비판주의, 즉 "신자유주의 시대로부터 물려받은 기본적인 구조는 결코 흔들리지 않으며, 세계화는 통제되거나 길들여질 수 없고, 계속 심각해지는 불평등은 아무리 잘해야 조금 완화될 수 있을 뿐이라고 보고 있는" 것이 문제라고 본다(홉스봄 외, 1999:18). 사실 이것들은 반자본주의, 반신자유주의를 주장하는 좌파의 시각에서 할 수 있는, 충분히 예상되는 비판들이었다. 그리하여 기든스 역시 『제3의 길과 그 비판자들』을 출간하면서 이러한 비판들에 대해 반비판하면서 제3의 길의 타당성을 재차 옹호하였다.

제3의 길 논쟁은 이후로도 지속되었는데, 독일의 슈뢰더 정권, 프랑스의 죠스팽 정권이 제3의 길 논쟁과 연루되면서 다양한 비판적 평가가 이루어졌다. 프랑스의 좌파 성향 국제시사학술지 『바리아시옹』은 유럽에서 활동하는 학자들의 글을 묶어 출간하였는데, 이 책은 『보이지 않는 제3의 길』이라는 제목으로 한국어판으로도 출간되었다. 여기서 제3의 길은 '사회자유주의' 또는 '미소진 신자유주의'로 규정되었다. 독일 슈뢰더나 이탈리아 마시모 달레마의 중도좌파 정부는 시장주의를 받아들인 사회민주주의의 포기자로 평가되었다. 그나마 주당 35시간 노동시간 단축을 선언한 프랑스 죠스팽 총리만이 다소 긍정적인 평가를 받았다. 다만, 노동시간은 단축되었지만, 기업이 노사협상 과정에서 임금 인하, 노동 강화, 초과근무, 근무시간표 조정을 요구하는 것을 법석으로 금지할 수 없었다는 점에서 이러한 평가에는 의문이 제기될 수밖에 없었다.

제3의 길에 대한 좌파적 비판은 충분히 예견할 수 있는 것이었는데, 이것은 과거에 혁명적 사회주의자들이 개혁적 사회민주주의자들을 기회주의 또는 개혁주의라고 비판했던 것과 비슷한 맥락을 지니고 있었다. 그런데 급진적인 주장만으로는 다수 대중의 지지를 얻어 선거에서 승리하기 힘든 상황에서, 이념적 선명성을 기준으로 타협적 주장에 대해 비판하는 것은 현실의 변화에 어떤 도움도 주기 힘들다. 더구나 20세기 후반의 사회변동 과정에서 사회민주주의자들이 의지하는 노동자계급의 수가 점점 감소하고 또 내적으로 분화하고 있는 시대적 조건 속에서 무조건 과거의 이념을 지키자고 하는 것은 비현실적 대안으로 보인다.

이러한 평가들을 예견했던 기든스는 2002년에 쓴 『제3의 길과 그 비판자들』에서, 사회민주주의 좌파들이 제3의 길을 '좌파와 우파의 정치적 타협에 대한 합리화', '좌파가 우파에게 가까이 접근한 것'으로 평가한다고 말한다. "블레어의 신노동당이 대처리즘으로부터 너무 많은 것을 물려받았다"라는 것이다. 그들은 제3의 길 정치는 '적이 없는 정치'를 옹호하기에 진정으로 세계를 변화시키려고 하기보다는 있는 그대로 수용하고 있으며, 세계화를 기후처럼 우리의 영향력 밖에 있는 불가항력의 자연력인 것처럼 다룬다며 비판한다(기든스, 2002:62-64).

물론 기든스는 이런 비판들에 동의하지도 굴복하지도 않는다. 그는 오히려 "정치적 좌파에 속한 많은 사람들은 오랫동안 신자유주의적 주장을 반대하거나, 그러한 주장에 맞서 좌파적 사고를 방어적으로 다시 작동시키는 데 쏠려 있었다"라고 반박한다. 그러면서 제3의 길 정치에 대한 반대자와 비판자들이 계속 나타날 것이며, 이것이 당분간 정치적 대화의 핵심을 차지할 것이라고 말한다(기든스, 2002:45).

기든스는 당시 제3의 길에 대한 비판을 다음과 같이 여섯 가지로 요약하였다. 첫째, "제3의 길은 무정형한 정치적 기획이고 확실히 규명하기 어려우며 방향이 없다. … 구식 사회민주주의와 신자유주의와는 대조적으로 '제3의 길'은 단지 부정적으로만 정의되기 때문에 내용이 더욱 공허하다." 둘째, "제3의 길은 좌파와 고유한 전망을 유지하지 못한 채 의도적이든 아니든 간에 보수주의의 한 형태로 전락하고 있다. … 정치적 중도에 집착하는 것은 분명히 좌파의 목표와 병립하지 않는다." 셋째, "제3의 길은 특히 전 세계적인 시장과 관련한 신자유주의의 기본적 틀을 수용한다. … 제3의 길은 세계화를 그저 주어진 것으로 받아들이고 있다. 치명적으로 제3의 길은 소득, 부와 권력의 불평등에 대항하지 못한다." 넷째, "제3의 길은 근본적으로 앵글로 색슨적 기획으로서, 그 기원이 되는 사회의 각인을 갖고 있다. '제3의 길' 용어는 단지 약하게 발달된 복지제도를 갖고 있으며 불평등이 다른 곳보다 현저한 국가들의 정치가들과 지식인들에 의하여 부활되었다. 이런 맥락에서 개발된 정책들은 사회정의와 포괄적인 복지 공여를 향한 길에 있어서 앞서가고 있는 사회에는 별로 유용하지 않다." 다섯째, "제3의 길은 시장이 좌지우지하도록 내버려 두는 것 말고는 특유한 경제정책이 없다. … 제3의 길은 경제적 번영의 물결을 타고 있다. 만약 경제적 침체가 일어난다면 제3의 길은 이에 대처할 방도가 없다."

여섯째, "제3의 길은 사회민주주의와 신자유주의의 두 경쟁자와 공통적으로 생태학적 문제에 대하여 상징적으로 인정하는 것 말고는 효과적으로 대처할 방법이 없다"(기든스, 2002:75-79).

기든스는 다렌도르프Dahrendorf처럼 제3의 길이라는 용어에 의문을 제기하는 비판들에 대해서는 용어에 집착할 필요가 없다고 말하면서, 제3의 길을 '현대화 추진 좌파'나 '현대화 도상의 사회민주주의'와 동의어로 사용할 수 있다고 반박한다(기든스, 2002:83). 그리고 '신시대New Times'를 말하면서도 정작 정치적 방식에서는 전통적 좌파의 교리를 그대로 반복하는 홀Stuart Hall의 주장에 대해서도 비판한다. 홀이 말하는 새로운 시대는 "제조업에서 정보기술산업으로, 그리고 계급 정치의 쇠퇴와 함께 소비, 생활양식, 성적 행위에서 선택의 확장으로 특징지을 수 있다. 신시대는 지금까지의 사회주의적·사회민주주의적 사고가 남긴 유산 전체가 새롭게 재구성되어야만 한다는 것을 의미했다." 하지만 그는 여전히 "좌파의 목표는 자본주의와 그 앞잡이인 거대기업을 통제하기 위해서 국가 자체와 국가의 조세수입을 강화하는 쪽으로 모아져야 한다"라고 주장하고 있다(기든스, 2002:84). 기든스가 보기에 이것은 현실 진단과 대안이 어긋나 있는 것이다.

기든스는 "만일 사회민주주의자들이 실제 세계에서 정치적 영향력을 가지기 원한다면, 그들의 교의는 반세기 전 사회민주주의가 마르크스주의로부터 근원적으로 이탈할 때처럼 급격하게 재고되어야 한다"라고 말한다(기든스, 2002:84-85). 신시대에는 이에 걸맞은 새로운 사고, 새로운 정치를 추구해야 한다는 것이다.

2. 제3의 길은 신자유주의로의 길인가? 시장의 역동성, 기업과 개인의 기회와 책임

좀 더 구체적인 정책들에 초점을 맞추어 본다면, 제3의 길 비판자들은 경제, 금융의 세계화가 명시적이든 묵시적이든 정치적 결정의 결과이며 전략적 행동의 산물이라고 주장한다. 그래서 유럽연합 수준에서 사회민주주의자들에게서 케인스주의 정책과 같은 좌파적 거시경제정책을 기대할 수 있을지 질문한다. 유럽연합이 요구한 통화정책이나 사유화 정책이, 각국 정부가 적극적인 산업정책을 추구하거나 거시경제 정책을 활용할 수 있는 수단을 줄여 놓았으며, 이에 따라 사회민주주의 정부가 들어서서 전통적인 개입주의 정책을 사용하기 어렵게 되었다는 것이다. 그리고 이것은 제3의 길 노선이 스스로 선택한 결과라고 비판한다(바리아시옹편집위원회, 2003:250-254).

하지만 기든스의 생각은 다르다. 제3의 길 정치는 UK, 독일, 이탈리아에서의 중도좌파 정당의 집권과 함께 지속적으로 논쟁 거리가 되었다. 특히 UK 노동당 정권이 10년간 집권하면서 기든스는 자신의 생각에 대해 더 큰 자신감을 가지게 되었다. 그래서 2007년에는 『이제 당신 차례요 미스터 브라운: 영국 노동당이 다시 이기는 길*Over to You, Mr Brown – How Labour Can Win Again*』을 출간하면서 『제3의 길』에서 펼쳤던 자신의 생각을 더욱 적극적으로 개진하였다.

기든스의 제3의 길이 신자유주의로 비판받는 이유는 무엇보다도 시장에 대한 생각이 전통적 사회민주주의자들과 다르기 때문이다. 시장이 기업과 개인에게 다양한 기회를 제공해 줄 수 있다고 보기 때문에, 국가의 시장개입이나 복지제도에 대해 다른 생각을 하는데, 시장의 역동성을 적극적으로 활용하는 것이 사회민주주의 혁신의 방향이 되어야 한다고 보는 것이다.

그래서 그는 제3의 길이 국가의 시장개입이나 개인 보호를 지향하기보다는, 시장을 통해 기업과 개인에게 기회를 제공하고 그 대신 '책임'을 강조하는 것을 중요시한다.

"국가가 지나치게 관료화되어 있거나, 비효율적이거나, 시민들의 필요에 대응하지 못하거나, 혹은 생산자의 이익에 의해 통제되거나 할 때 국가는 마치 상업과 시장이 그렇듯이 공적 영역의 적이 된다." "오늘날 사회민주주의자들은 시장친화적이어야 하며, 또 자본주의가 생활 수준을 높이는 일에서 그 어떤 형태의 사회주의나 공산주의에 비해서도 월등히 효과적이라는 사실을 인정해야 한다"(기든스, 2007:26-27). 기든스는 시장에 대한 전통 좌파의 관점에 대해 분명한 반대입장을 표명한 바 있다. "좌파는 시장의 위협에 대한 그들의 관심에 의해서 정의된다는 것으로, 그러한 시장 과잉의 위험성은 언제나 국가에 의한 억제를 필요로 한다는 것이다. 하지만 오늘날 이러한 사고는 시대에 뒤떨어진 것이 되었다. 좌파는 복지를 창출하는 상공업계의 역할을 인정하고, 시장과도 편안한 관계를 가져야만 한다. 또 민간 자본이 사회적 투자에 필수적이라는 사실과도 마찬가지이다"(기든스, 2002:91).

이처럼 기든스는 시장의 역동성을 살리고 시민들의 다양한 요구에 부응하기 위하여 국가의 관료화나 비효율성을 개혁해야 한다고 주장한다. 하지만 국가의 공공성과 시장의 공정성을 중요시하기 때문에 기업을 규제하는 것 자체를 부정하지는 않는다. "어떤 기업 경영자도 규제를 좋아하지 않는다. 그러나 자본주의를 그 자신으로부터 구출하기 위해서는 규제가 불가피하다. 정부는 국내적으로나 국제적으로 기업의 책임성을 높여야 할 의무를 지니고 있다. 정부는 세금회피 지역을 규제하기 위한 노력을 배가하여야 하며, 돈 세탁을 줄여야 하며, 개인이나 기업에 의한 세금 면탈을 줄여야 한다. 바로 이와 같은 책임성이라는 소재가 노동당의 정치적 전망의 근간이 되어야 한다"(기든스, 2007:28). 여기서 우리는 기든스가 시장의 역할을 긍정하는 것이 무책임성의 문화나 '나 먼저' 식의 개인주의를 용인하는 것은 아님을 알 수 있다.

자본주의 시장의 상업주의와 이윤 극대화 경향은 시장규제의 필요성을 낳는다. 독점화로 인한 경쟁의 공정성 훼손, 상업주의적 상품화와 과잉생산으로 인한 환경 파괴, 경기 침체나 기술 변화에 따른 일자리 상실 등은 시장이 스스로 해결할 수 없는 비합리성을 보여 주며, 이에 대한 규제나 보호는 필수적인 것이다(기든스, 2002:92-95). 그래서 기든스는 한편으로는 국내적·국제적 규제에 의해서 뒷받침되는 기업의 책임성을 강조하면서, 다른 한편으로는 시장의 역동성을 위해 해고의 유연성이 필요하다고 주장한다(기든스, 2000:89, 93).

기든스는 스칸디나비아 사회민주주의자들의 공공서비스 탈중앙화, 인센티브와 경쟁, 재단 병원 등과 같은 현대화와 개혁 정책으로부터 배워야 한다고 말한다. "노년층을 위한 예산을 줄이고 청년층을 위한 예산을 늘리는 것 ─이것은 60대 이상을 희생시키는 것이 아니라, 그 반대로 그들의 지위와 일할 권리를 포함한 권리를 개선하는 방식으로 추진되었다─ 취업 기회 확대에 초점을 맞추어 여성에 대한 투자를 늘리는 것, IT 과학 기술 분야의 투자를 늘리는 것, 교육과 기술 수준을 높이는 것, 재교육과 효과적인 취업 알선을 통해 노동시장의 '유연안전성'을 높이는 것 등이 그것이다"(기든스, 2007:29-30). 여기서 '유연안전성'은 바로 노동시장의 유연성과 복지제도의 안전성을 결합하려는 의도를 보여 준다.

그래서 기든스는 국가의 복지제도에 대해서도 개인의 기회와 책임을 강조하면서 사후적 안전보다 사전적 기회를 강조한다. "과거 복지국가는 소극적인 복지, 즉 위험의 회피라는 의미의 복지에 기반을 둔 것이었다. 오늘날 우리는 좀더 적극적인 목표를 설정해야 한다"라면서, "복지국가는 시장의 기능이 마비되었을 때 개입하는 기구가 아니라 경제적 역동성과 생산성에 초점을 맞추어야 한다. 그리고 더욱 다원주의적이어야 한다"(기든스, 2007:35-36).

기든스는 신자유주의자들의 시장근본주의에 대해 분명히 반대하고 있다. 그렇지만 시장을 근본적으로 부정하거나 불신하기보다는 시장의 역동성을 긍정적으로 활용할 필요가 있음을 강조한다. 특히 UK의 노동당 집권기의 경험은 기든스가 시장에 대한 새로운 시각의 긍정성을 신뢰하는 중요한 계기가 되었다. "UK는 지난 1997년 이래 효과적인 거시경제 정책에 힘입어 안정적인 경제성장을 누려 왔다. 가능하면 많은 사람들에게 일자리를 마련해 주는 것을 강조해 온 노동당의 정책은 처음에는 널리 비판받았지만 지금은 그 효과가 입증되고 있다. 현재 UK는 완전고용에 가까운 상태이다." 이와 함께 기든스는 또한 세금 인상 없이도 세수가 늘어났고, 이것을 통해 공공 서비스 분야와 빈곤퇴치 조치들에 대한 대규모 투자가 가능해졌다는 점을 긍정적으로 평가한다(기든스, 2007:24).

기든스는 사회민주주의의 중요한 가치인 평등을 포기해서는 안 된다고 강조한다. "노동당이 이제 더욱 명시적으로 평등주의를 지향하기를 바란다." 다만 그는 평등이 경제의 역동성, 일자리 창출 등과 함께 추구되기를 바란다(기든스, 2007:29). 말하자면 새로운 평등주의를 추구해야 한다는 것이다. 그래서 그는 탈공업 사회에서 사회정의를 추구하기 위해 다음과 같은 방안을 제시한다. 빈곤, 특히 아동 빈곤과의 싸움, 공정하고 평등한 교육 기회, 일할 수 있는 사람들을 위한 일자리, 고객이 권한을 갖는 복지제도, 이러한 것들이 방해받지 않도록 하기 위한 소득 및 부의 재분배와 같은 것들이다(기든스, 2007:178-179). 말하자면 시대가 바뀌면 이에 맞춰 평등의 가치를 실현하는 방식도 변해야 한다는 점을 말하는 것이다.

사회민주주의 좌파들은 기든스의 이런 의도를 무시하면서, 논쟁하려고 하기보다는 제3의 길을 폄하하려는 모습을 보여주었다. 그런데 이러한 사회민주주의 좌파들의 평가에는 중요한 의문이 뒤따를 수밖에 없다. 그것은 좌파 비판가들의 주장처럼 신자유주의에 맞서는 전통적인 국가 개입주의 정책을 내세워 선거에 나섰다면 과연 중도좌파 정부가 집권할 수 있었을까 하는 점이다. 그들의 주장의 실현은 집권 이후에야 가능할 텐데, 문제는 이런 주장으로는 중도좌파의 집권 자체가 어려운 것이 현실이라는 것이다. 앞서 보았듯이 새롭고 다양한 사회변동 과정에서 시민들의 이해관계, 가치 지향 등이 분화되고 변화되어 정치적 지지구조가 크게 바뀌었다. 이에 따라 계급 정치에 의존해 온 구식 사회민주주의 정치는 점점 더 지지를 얻기가 어려워졌다. 이런 사회적 조건에서 사회민주주의 정당이 집권하려면 스스로 혁신하지 않을 수 없었는데, 제3의 길은 바로 그러한 방안으로 선택된 것이었다. 말하자면 집권을 위한 불가피한 선택이었다.

물론 그렇다고 해서 제3의 길을 추구하거나 선언한 자체만으로 중도좌파 정권의 정치적, 정책적 판단들이 모두 정당화될 수 있는 것은 아니다. 예를 들어 보수정권에서 사유화되어 공공성이 약화되었던 철도와 같은 기간산업에 대해 공공성을 강화하는 방안을 적극적으로 모색하지 못했던 것은 중요한 실책이었다. 사유화되고 분사된 철도는 운행의 통합적 관리가 어려워지면서 대형 사고가 발생하는 상황을 맞게 되었고, 결국 2004년 이후에야 노동당에서 철도 재국유화 논의가 본격화되었다. 그렇지만 노동당 정권에서 국유화는 실현되지 못했고, 부분적인 국유화가 이루어지다가 오히려 2019년 총선 이후 보수낭이 이 정책을 수용하여 철도의 한시적 국유화를 선언하는 상황을 맞이하게 되었다.

기든스는 블레어가 집권하고 있던 때에, "중도좌파는 시장의 범위를 좁히기보다 넓히는 일을 목표로 삼아야 할지 모른다. 예를 들어 유럽 단일시장이 완성되면 UK 사람 모두에게 이익이 될 것이다"라고 말했다(기든스, 2007:27). 그런데 이후 신자유주의 정책을 적극적으로 수용했던 브라운 총리 시절에, 외국인 노동자 수용정책에 대한 불만은 자국 노동자 우선정책British jobs for British workers 도입으로 이어졌고, 2008년 세계 금융위기에 적극적으로 대처하지 못한 노동당은 국민들의 불만 고조와 지지 하락에 직면하게 되었다. 이로 인해 2010년 4월 의회 해산 후 실시한 총선에서 노동당은 보수당에 패배하면서 보수당과 자유민주당의 연정에 권력을 넘겨주게 되었다. 이것은 제3의 길이 추구하고자 했던 세계주의적 시민국민의식, 세계주의적 민주주의의 발전이 UK 시민들의 현실적 이익 추구로 인해 실현되기가 쉽지 않았음을 보여 준다.

한편 노동당은 총선 패배 이후 제3의 길과 신노동당 슬로건을 폐기하면서 이전의 노선과 정책으로 돌아가려 하였다. 그런데 이번엔 스코틀랜드 독립 논쟁이 발목을 잡았다. 2014년 스코틀랜드 독립투표가 이루어지면서 스코틀랜드에서 많은 의석을 확보해 왔던 노동당으로서는 독립에 반대할 수밖에 없었고, 이러한 선택이 역풍이 되어 이 지역에서 스코틀랜드 국민당에 대부분의 의석을 빼앗기게 되었다. 반면에 스코틀랜드 독립에 적극적으로 반대하며 보호주의를 내세운 보수당은 보수층의 결집으로 많은 의석수를 확보하면서 총선에서 크게 승리하였다.

한편 보수당 정권이 주도한 브렉시트Brexit 과정 역시 세계화에 대응하는 제3의 길의 불확실성을 잘 보여 준다. 보수당은 2016년에는 유럽연합 탈퇴를 묻는 국민투표에서 약 52%의 찬성으로 탈퇴를 결정하고 2021년 1월에 유럽연합과 결별에 합의하였다. UK의 경제에 어떤 영향을 미칠지는 아직 미지수지만 유럽 단일시장이 모두에게 이익이 될 것이라는 기대는 당분간 어려워졌다.

2010년 UK 총선에서 패배한 이후 이어진 두 번의 총선에서 급진적 노선으로 선회한 노동당이 계속 집권에 실패했다는 사실은, 한편으로는 제3의 길 노선이 노동당에 대한 안정적 지지를 유지하는 마법같은 해법이 될 수 없다는 점을 확인해 주었고, 다른 한편으로는 제3의 길의 실패가 곧바로 급진적 노선의 현실적 타당성을 보여 주는 것도 아니라는 점도 확인되었다. 이러한 현실은 엄밀하게 보면 제3의 길 자체의 문제로 인한 것이라기보다는 유럽연합과 개별국가 간 관계의 복잡성으로 인한 유럽연합 정치의 복잡성, 유럽연합과 세계화의 불투명한 미래와 이로 인한 개별국가의 이해관계의 복잡성 등의 문제가 복합적으로 작동한 결과라고 할 수 있다.

이것은 자본주의와 세계화의 미래가 불투명한 시대에, 제3의 길은 결코 정해져 있는 길이 될 수 없음을 말해 준다. 자본주의 사회에서 중도좌파 정치 또는 사회민주주의 정치가 보편적 복지와 평등의 가치를 훼손하지 않으면서 시장의 역동성을 긍정적으로 활용하고 세계화를 세계주의적 시민 형성의 계기로 삼기가 말처럼 쉽지 않다는 점이 확인된 것이다. 특히 블레어 정부에서 신자유주의 정책의 부분적 수용이 역동성을 증대시킨

동시에 불평등을 심화시켰다는 점은, 불평등을 통제하면서 시장의 장점만 살리는 것이 현실적으로 쉽지 않은 과제임을 확인시켜 주었다고 하겠다.

물론 기든스도 제3의 길이 자본주의의 미래의 불확실성을 통제할 수 없다는 점을 충분히 이해하고 있었다. 그는 『기로에 선 자본주의On the Edge』에 실린 허튼과의 대담에서 신자유주의와 세계경제 개혁에 관한 자신의 생각을 광범하게 제시했다(기든스 외, 2000:28-117). 새로운 통신 기술, 생산 요소로서의 지식의 역할, 생명과학의 새로운 발견들에 주목하면서 세계화가 과거와는 전혀 다른 국면으로 나아가고 있음을 말한다. 농업기술과 공업기술의 발달, 정보서비스 산업의 성장은 다양한 새로운 기회를 제공하는 동시에 자연에 새로운 위험을 만들어 내고 있다. 그리고 '공산주의 없는 자본주의'가 가져다준 변화와 결함들에 대응하기 위해 미국의 책임을 과장하는 태도에서 벗어나 새로운 사고, 새로운 형태의 세계적 규제가 필요하다. 그래서 기든스는 많은 우파들이 자본주의의 천박한 상업주의에 비판적이라는 점에 주목하면서 '시장경제와 민주주의 정치체제의 조합'이 현실적으로 효과적인 대안임을 강조한다. 그리고 앞으로 전개될 기술 변화와 지식 경제의 발달, 이에 따른 노동의 변화, 노동조합의 변화, 개인화 등에 대해서 주목하지 않으면 안 된다고 말한다. 기후변화와 환경문제에 관해서도 서양의 공업 발전에 의해 초래된 환경문제 때문에 가난한 나라들의 경제 발전이 제약당하는 것을 정당화할 수 없다는 점을 지적하면서도, 새로운 기술들의 이전으로 환경 피해를 줄일 가능성을 찾을 수 있다는 기대를 내비친다.

한편 기든스는 유럽연합을 현재 진행중인 초국가적 관리 운영에 대한 실험으로 이해하고 있으며, 경제적 수준에서 단일의 유럽 모델을 상정하는 것은 바람직하지 않다는 생각을 피력한 바 있다. 그리고 사회적, 경제적 개혁을 통해서 유럽의 복지 국가의 좋은 면들을 유지해 나가야 한다는 점도 강조하였다(기든스, 2000:121). 말하자면 기든스는 자본주의의 불투명한 미래에 대한 고민을 이어가면서, 제3의 길을 현실의 변화 속에서 평등의 가치를 유연하게 적용해 가려는 노력으로 이해하기를 원하는 것이다.

기든스는 2000년에 제3의 길에 대한 전통적인 좌파의 비판에 대응하여 『제3의 길과 그 비판자들』을 출간하면서, 자신이 비판에 반응하는 목적이 결코 기존의 간극을 넓히려고 하는 것이 아니라 자신의 분석을 통해 그 균열을 치유하거나 적어도 도움이 되는 대화를 촉진하고자 하는 것임을 분명히 밝혔다. "과거에는 매우 자주 좌파 내부의 논쟁이 좌파의 영향력을 약화시켰는데, 어느 누구도 그와 동일한 일이 다시 일어나기를 원해서는 안될 것이다"(기든스, 2002:249). 따라서 무엇보다도 중요한 점은 무조건 상대를 부정하고 비판하려 하기보다는 근본적인 성찰과 진지한 논쟁에 열려있는 태도라고 하겠다.

3. 한국사회와 제3의 길의 함의

기든스가 1998년에 『제3의 길』을 출간했을 때, 그것은 구식 사회민주주의의 혁신이 좌파들의 절실한 시대적 과제임을 보여 주고 또 이에 대해 논쟁하기를 원했다. 지식 경제와 정보 자본주의의 발전, 세계화, 기후변화와 생태 위기, 탈물질주의와 개인주의의 발달 등 시대의 변화 속에서, 시민들의 이해관계와 가치지향이 분화되고 또 정치적 지지구조가 바뀌었는데, 이러한 변화 속에서 시장의 역동성과 개인의 책임성에 주목하는 방향으로 사회민주주의의 혁신이 이루어지길 원했다.

『제3의 길』이 출간되면서 곧바로 좌파로부터의 비판과 논쟁이 거세게 일어났고, 기든스는 이에 대한 대응으로 『제3의 길과 그 비판자들』을 썼다. 여기서 기든스는 다음과 같이 말한다. "'제3의 길'이라는 용어가 사용되는 것의 여부는 중요하지 않음을 다시 강조하지 않으면 안 된다. 문제는 중도좌파 가치들이 심대한 변화를 겪고 있는 세계에서 의미를 가지도록 만드는 것이다"(기든스, 2002:244).

한국사회에서 『제3의 길』의 번역자들은 김대중 정부의 등장과 비교하면서 기든스의 '제3의 길' 용어를 정치적으로 이용하려는 경향을 보이기도 했지만, 이후 다양한 유럽의 논쟁들을 소개하거나 비판적으로 평가하는 시도들도 이루어졌다(한상진·박찬욱, 1998; 김호기, 1999; 김윤태, 1999; 유팔무, 1999; 정태석, 1999). 특히 김수행 등은 『제3의 길과 신자유주의』에서 UK, 독일, 프랑스의 중도좌파 정부에서 도입된 제3의 길 정치의 성패에 대해 객관적으로 소개하고 또 평가하는 작업을 시도하였다(김수행 외, 2003). 1980년대 이후 사회구성체 논쟁 과정에서 급진좌파들은 유럽의 사회민주주의를 사회주의의 배신으로서 개량주의로 폄하하였는데, 이런 사회민주주의를 혁신하고자 한 제3의 길은 당연히 긍정적으로 평가되기 어려웠다. 현실 사회는 유럽의 복지국가에 훨씬 못 미치는 상황이었지만, 당시 한국사회의 급진적 지식인들은 제3의 길에 대해 '신자유주의에 대한 굴복'이라는 더 신랄한 비판을 쏟아 내기도 했다.

많은 한국의 진보좌파 지식인들은 북유럽 사회민주주의 나라들의 복지국가 모델이 보편적 복지를 통해 자본주의적 불평등을 크게 개선한 사례들로서 한국사회 발전의 모범으로 삼아야 한다고 말한다. 이것은 한국사회의 미래의 발전 방향이라는 점에서는 의미가 있다. 하지만 사회구조적 조건이나 정치 지형 등 구체적 현실에 비추어 보면, 실제로 한국사회가 따라갈 수 있는 모델이 전혀 아니다. 현실적으로 복지제도 확대와 개혁의 방향 등을 구체적으로 비교하면서 참조해 볼 수 있는 나라는 오히려 UK와 같은 나라들이다. 특히 정치지형이나 경제적 조건 등을 이들 나라가 한국의 현실과 미래의 경로에 구체적으로 참조가 될 수 있기 때문이다.

그런데 지금 한국사회와 정치의 현실에 비추어 보면, 많은 진보좌파 지식인들이나 정치인들은 유럽 선진국의 좌파 인사들이 보여 준 변화와 혁신의 모습을 따라잡지 못하는 경직된 태도를 보여 주고 있다. 그래서 20여 년 전에 선언된 제3의 길임에도 여전히 한국사회 현실에 대한 성찰에 의미 있는 출발점을 제공해 줄 수 있을 것 같다.

물론 한국사회에서 평등과 연대의 가치를 중요시하는 진보좌파에게 필요한 것은, 제3의 길이라는 용어에 집착하는 것보다는, 현실사회의 변화를 이해하고 이에 따라 사회민주주의적, 진보적 이념을 실현할 수 있는 새로운 방안을 찾고, 또 이를 통해 집권을 위한 현실적인 정치 전략을 찾는 것이다. 이를 위해서는 세계화와 지식 경제의 발달, 정보자본주의와 노동의 변화, 개인주의의 발달, 기후변화와 생태 위기 등에 따라 정치적 지지구조가 변화하고 있는 현실 속에서 구좌파가 매달려 왔던 계급, 노동, 연대에 관한 낡은 사고에 대한 근본적인 성찰과 혁신을 모색하지 않으면 안 될 것이다. 이것이 평등과 연대의 가치를 추구하는 진보좌파 세력이 『제3의 길』로부터 배워야 하는 사유이며, 보수정당과 중도개혁정당이 양대정당으로서 지배하고 있는 현실 정치 속에서 진보정당이 사회적 지지와 영향력을 넓혀 나갈 수 있는 길이라 하겠다.

참고문헌

기든스, 앤서니(2000), 『제3의 길과 그 비판자들』, 박찬욱 역, 생각의 나무.

_____(2001), 『제3의 길』, 한상진·박찬욱 역, 생각의 나무.

_____(2007), 『이제 당신 차례요 미스터 브라운: 영국 노동당이 다시 이기는 길』, 김연각 역, 인간사랑.

기든스, 앤서니 & 윌 허튼(2000), 『기로에 선 자본주의』, 박찬욱 역, 생각의 나무.

김수행 외(2006), 『제3의 길과 신자유주의』, 서울대학교출판부.

김윤태(1999), 『제3의 길 — 토니블레어와 영국의 선택』, 새로운사람들.

김호기(1999), 「후기현대성과 제3의 길」, 『경제와사회』, 겨울호, 통권 제44호.

유팔무(1999), 「한국에서 제3의 길은 가능한가」, 『역사비평』, 여름호, 통권 제47호.

정태석(1991), 「'역사적 현상'으로서의 사회민주주의 정치와 계급 정치」, 『경제와사회』, 가을호, 통권 제11호.

_____(1999), 「제3의 길의 탈맥락화」, 『경제와사회』, 여름호, 통권 제42호.

정태석 외(2014), 『사회학: 비판적 사회읽기』, 한울.

라클라우, 에르네스토 외(2012), 『헤게모니와 사회주의 전략』, 이승원 역, 후마니타스.

무페, 샹탈(2007), 『정치적인 것의 귀환』, 이보경 역, 후마니타스.

바리아시옹편집위원회 편역(2003), 『보이지 않는 제3의 길』, 사회와연대.

벡, 울리히 & 엘리자베트 벡-게른샤임(1999), 『사랑은 지독한 혼란』, 배윤경 역, 새물결.

보비오, 노르베르토(1998), 『제3의 길은 가능한가』, 박순열 역, 새물결.

캘리니코스, 알렉스(2008), 『'제3의 길'은 없다 — 반자본주의적 비판』, 김연각 역, 인간사랑.

홉스봄, 에릭 & 스튜어트 홀(1999), 『제3의 길은 없다』, 노대명 역, 당대.

기든스, 앤서니 & 한상진(2018.01.02.), 「제3의 길 주창 세계적 사회학자 앤서니 기든스-한상진 명예교수 대담」, 『동아일보』, 작성: 동정민, https://www.donga.com/news/article/all/20180102/87984534/1.

김윤태(2014.04.07), 「토니 블레어와 '제3의 길' 정치가 남긴 것들」, 『프레시안』, https://www.pressian.com/pages/articles/116066.

Bobbio, Norberto(1997), *Left & Right: The Significance of a Political Distinction*, trans. Allan Cameron, University Of Chicago Press.

[세창명저산책]

세창명저산책은 현대 지성과 사상을 형성한 명저를 우리 지식인들의 손으로 풀어 쓴 해설서입니다.

· 세창명저산책은 계속 이어집니다.